광고의 미래
넥스트 10년

한 권으로 읽는 광고의
새로운 키워드와 트렌드

한국광고학회 편

강윤지 · 김상훈 · 김현진 · 문장호 · 박종구 · 안정용 · 유승철 · 정혜승 · 황보현우 공저

학지사

2016년 3월 이세돌과 알파고의 바둑 대결(Google Deepmind Challenge Match) 이후 전 세계인이 기대와 불안 속에 4차 산업혁명에 대해 이야기한다. 4차 산업혁명과 더불어 2020년 시작과 함께 우리에게 찾아온 코로나19까지 사람들의 일상을 예상치 못한 방향으로 변화시킴에 따라 미래에 대한 불확실성은 더욱 극심해지는 중이다. 4차 산업혁명은 인터넷과 컴퓨터에 의한 3차 산업혁명의 연장선이면서도 기존의 산업혁명과 차별화되는 특징을 지니는데, 사물인터넷(IOT: Internet of Things)과 인공지능(Artificial Intelligence)에 의한 초연결성과 초지능화가 대표적이다. 4차 산업혁명시대에 새롭게 등장한 정보통신기술(ICT)의 혁신적인 발달과 융합은 개인과 사회 전반에 걸쳐 큰 변화를 일으키고 있다. 미디어 환경 역시 4차 산업혁명의 영향으로 하루가 다르게 고도화되자 소비자들은 자신이 선호하는 미디어 콘텐츠를 시간과 장소의 제약

없이 능동적이고 탄력적으로 이용하고 있다. 이에 따라 소비자 행동 패턴은 물론, 방송, 통신, 문화, 미디어, 유통, 마케팅 분야에서도 다양한 변화가 나타나고 있다. 특히, 사물인터넷, 인공지능, 빅데이터 등은 향후 국내외 광고 산업계 변화를 견인하는 주요 미래 기술 분야가 될 것으로 전망되기 때문에 광고 산업계는 해당 기술이 가져오는 근본적인 변화를 경험하고, 변화의 주체가 되어야 한다.

학계와 산업계의 다양한 실무와 이론 전문가들로 구성된 한국광고학회(KAS)가 기획하고 발간한『광고의 미래 넥스트 10년』은 4차 산업혁명과 필연적으로 연계되어 광고의 미래를 이끌 분야별 신광고 기술, 트렌드, 소비자 행동 변화를 집중적으로 다루고자 하였다. 새로운 기술과 패러다임의 변화가 광고업계의 판도를 빠르게 바꾸고 있지만, 아직 실무에 대한 이해나 4차 산업혁명시대의 광고에 대한 정의, 개념, 유형, 수행방식 등에 대한 체계적이고 구체적인 내용을 다룬 책은 부족한 상황이다. 이러한 배경에서『광고의 미래 넥스트 10년』은 광고 실무자, 연구자, 관련 분야 종사자, 혹은 광고를 전공하는 학생 등의 이해를 돕기 위해 4차 산업혁명시대의 8가지 핵심 이슈에 대한 학문적이고 실무적인 논의를 하고자 하였다.

이 책은 모두 8장으로 구성되어 있다. 언택트와 애드테크(1장), 빅데이터시대, 새로운 광고전략(2장), 5G와 광고의 미래: 스마트 리테일, 스마트 카, 스마트 시티(3장), 4차 산업혁명과 광고산업의 변화(4장), 증강현실과 브랜드커뮤니케이션(5장), 인공지능과 광고의 미(6장), 인공지능 윤리학: 세상에 나쁜 인공지능은 없다(7장), TV광고의 진화: 어드레서블 TV광고(8장). 총 9명의 학계, 산업계 전문가들이 시시각각 진화하는 통신, 데이터, 미디어, 광고산업, 그리고 소비자 트렌드의 변화에 맞춰 최신 국내외 사례와 광고자료들을 풍부하게 제시하였다. 특히 광고업종 및 관련 분야에 종사하는 실무자들에게 캠페인을 기획하고 진행하는 데 다양한 아이디어를 얻을 수 있는 실무적인 학습서로서 유용할 것이라고 기대된다.

제4차 산업혁명과 광고산업의 변화는 이미 우리의 가시권 안에 들어와 있다. 더 늦기 전에 한 세대 이상의 미래를 내다보고 혁신적인 변화에 대응한 중장기 관점의 전략을 마련할 필요가 있다.

날로 진화하는 기술을 접목한 신광고에 대한 새롭고 창의적인 광고 방식을 개발하고, 이를 활용한 신규 광고기법 도입을 촉진함에 『광고의 미래 넥스트 10년』이 도움이 되길 바란다.

더불어 미래 광고 시장 확대와 광고산업 전반의 시장 활성화에도 기여할 수 있을 것으로 기대한다. 끝으로, 이 책의 출판을 위해 풍부한 연구와 실무 경험을 바탕으로 지식과 노하우를 제공해주신 9분의 저자분들께 감사드리며, 아낌없는 지원해주신 한국언론진흥재단과 학지사에 진심으로 감사를 드린다.

한국광고학회 연구이사 성용준

한국광고학회 제25대 회장 최영균

차례

_____ Chapter **1**

언택트와 애드테크
포스트 코로나 시대의 소비자 그리고 광고 테크놀로지

유승철

빅데이터 시대, 새로운 광고전략
빅데이터가 정리한 소비자의 패턴들

김현진

5G와 광고의 미래:
스마트 리테일, 스마트 카, 스마트 시티
4차산업혁명 시대의 효율적인 광고 집행과 기회

정혜승

4차 산업혁명과 광고산업의 변화
광고: 마케팅 산업의 변화를 이끈 핵심 기술은 무엇인가?

김상훈, 강윤지

증강현실과 브랜드커뮤니케이션
실감 미디어와 소셜미디어 테크놀로지의 융합

문장호

TV광고의 진화
'어드레서블' TV광고

박종구

광고의 미래
넥스트 10년

Chapter 1.

언택트와
애드테크

포스트 코로나 시대의
소비자 그리고 광고 테크놀로지

유승철

이화여자대학교 커뮤니케이션-미디어학부 교수

코로나19(COVID 19) 사태 발발 이후, 우리 사회 그리고 개개인의 삶 전체는 전대미문의 변화를 겪고 있다. 특히, 대면에서 비대면(untact: un-contact, 이하 언택트)의 '미디어 매개형 사회관계'로 생활 패러다임 전환이 가속화되고 있다. '전면적 비대면 사회관계'로 정의할 수 있는 '언택트 2.0의 시대'에는 디지털 영상 콘텐츠 소비의 증가와 같은 단순하고 예측 가능한 변화를 뛰어넘어 새로운 형태의 디지털 소비 행동과 관계들이 창발적으로 나타나면서 우리 생활을 재정의하고 있다. 이 장에서는 언택트 2.0 시대의 소비자 행동 그리고 미디어 산업과 광고시장의 변화를 살펴보고 언택트 시대를 이끌어갈 애드테크 전략을 이야기하려고 한다.

들어가며

많은 전문가가 지적하는 것처럼, 포스트 코로나 시대상의 핵심은 대면에서 비대면(untact)으로의 변화 즉 '전면적인 매개형 사회관계'로의 생활 패러다임 전환이다. 다시 말해, 사람이 아닌 미디어 기기가 매개(mediate)하는 것이 주류를 이루는 총체적 비대면 관계의 시작이다.

'언택트(un+tact)'는 접촉을 뜻하는 콘택트(contact)에 부정 · 반대를 뜻하는 언(un)을 붙인 조합어다(김난도 외, 2017). 무인결제 키오스크(Kiosk), 인공지능(AI) 챗봇 서비스, 배달 애플리케이션 등으로 대표되는 '언택트 문화(언택트 1.0)'는 테크놀로지에 익숙한 소비자가 많아지고 기업 또한 인건비 절감을 시도하면서 자생적으로 생겨난 '선택적이고 자발적인 비대면'이었다. 하지만 포스트 코로나 시대의 '언택트 2.0'은 보이지 않는 적인 바이러스로부터 생존하기 위한 '반강제적이고 생활화된 전면적 비대면'이다. 언택트 2.0 시대를 견인하는 요인은 무엇이며 관련된 현상은 어떠한가? 언택트 문화 확산의 배경으로 김난도 교

■표 1-1■ 언택트 2.0의 확산 요인

구분	언택트 2.0 시대의 주요 현상
소비자	즉각적 만족 (스마트폰 시대 소비자들은 보다 빠르고 쉬운 거래 방식을 선호함)
	정확하고 풍부한 정보 (지인이나 점원보다 직접 검색을 통해 얻은 정보를 신뢰함)
	대인관계 피로(과잉연결에 따른 심리적 피로감으로 대면접촉 회피)
	습관적 학습(비대면 사회관계 및 상거래의 습관화)
기업	비용효율 (저성장 경제 상황에서 사람의 노동력보다 저렴한 정보기기를 선호함)
	관리효용 (인적 노동에 대한 관리 노력과 인적 자원에 대한 의무부담을 지양함)
상황	위생염려 (대면접촉에 따른 코로나 바이러스 전염에 대한 위생 측면에서의 염려)

수가 제시한 네 가지 소비자 요인에 기업요인과 코로나19라는 예측하지 못했던 상황적 요인을 더해 '언택트 2.0의 확산 요인'을 정리하면 아래 표와 같다.

소위 '언택트 2.0 시대'라고 규정할 수 있는 현재, 우리의 현명한 문제해결 노력과 대응 전략에 따라서 개인과 기업 그리고 국가의 부가 달려있다고 해도 과언이 아니다. 특히, 글로벌 소비 창출과 경제의 순환에 큰 역할을 하고 광고산업의 대응도 상당히 중요하다.

언택트 2.0 시대의 소비자

코로나 19 이후 전면적 비대면을 향해 반강제적으로 재구조화되는 과정에서 자본주의 경제체계의 가장 큰 축인 '인적−물적 가치 교환(value exchange)'의 방법과 양태가 대폭 변화하고 있다. 실제로 우리는 장단기 재택근무를 통해 불가능할 것만 같던 비대면 근무와 원격회의의 효율성이라는 실마리를 보았다. 한 발 더 나가 이제 함께하는 '사회적 여가'에도 비대면 방식이 점차 자리를 잡아가고 있다. 예컨대, 줌(Zoom)과 같은 온라인 화상회의 애플리케이션을 이용해 뜻이 맞는 사람들과 음주와 대화를 즐기는 사람들이 늘고 있다. 일본에서는 이를 온노미

[그림 1-1] 화상회의를 활용한 온노미(On-nomi, オン飲み: 온라인 음주)

출처: Boing Boing

(On-nomi, オン飲み: 온라인 음주)라고 칭하는데 한국과 일본을 포함한 다른 나라에서도 이와 비슷한 문화가 젊은 층을 중심으로 퍼지고 있다.

교육 현장에서도 재택 수업이 강제되면서 '전통적 학교 모델의 실효성'에 대해 심각하게 고민하기 시작했다. 교수자들은 이제 온라인 영상 강의를 생산하며 일종의 '교육 콘텐츠 크리에이터'의 역할까지 담당하고 있다. 실제로, 오프라인 강의로 생업을 이어가던 강사들은 코로나 이후 생업에 고전하고 있으며 대다수의 오프라인 기반 대학은 등록금 반환에 대한 압력으로 심각한 재정적 문제에 봉착했다. 결국에는 비대면 상거래와 소비뿐 아니라, 업무, 여가생활, 대인관계, 교육을 포함한 우리가 기존에 알고 있던 일상의 모습이 과거와 사뭇 다른 그 무엇으로 변화하며 우리에게 다양한 도전을 제시하고 있다.

과거의 상거래가 오프라인과 온라인이 비슷하거나 오프라

인이 다소 우세했다면, 비대면 시대 소비자들은 오프라인 구매
보다 온라인을 통한 소비로 소비패턴의 축을 크게 바뀌가고 있
다. 최고급 백화점의 대명사로 113년 전통을 자랑하던 미국 '니
만 마커스(Neiman Marcus)'가 2020년 5월 7일 파산을 선언했고,
118년 역사의 미국 백화점 JC페니도 같은 해 5월 15일 파산신
청을 했다. 과거 오프라인 구매를 선호하던 시니어 계층이나 시
간 여력이 있는 소비자까지도 반강제로 온라인으로 구매하게
되면서 온라인 소비가 점차 생활습관으로 자리 잡고 있다. 이
에 따라 오프라인 상거래의 전성기로 복귀는 요원해 보인다. 오
프라인 구매의 여러 간접적 기능(산책, 기분전환, 사교 등) 때문
에 온라인이 오프라인 상거래를 전면 대체할 수는 없겠지만 비

[그림 1-2] 2020년 이케아가 선보인 증강현실 활용 가구 구매 애플리케이션

출처: Forbes

대면 온라인 상거래 비중은 급속도로 높아질 것이다. 신선품 당일 배달을 보편화한 아마존 프레쉬(Amazon Fresh)나 마켓컬리(Market Kurley)와 같은 혁신 온라인 플랫폼이 일상화 되었고 가구와 같이 실제 접촉 후 구매가 높은 제품까지도 온라인 구매에 가속도가 붙고 있다. 실제, 이케아(IKEA)는 2020년 4월 인공지능과 증강현실 전문기업(Geomagical Labs)을 인수했고 기술적 혁신을 통해 비대면 구매 경험을 풍부하게 하고 있다. 이제 비대면 소비는 우리 사회의 부분에서 전체로, 실험에서 생활로 전면화되고 있다.

코로나19 이후 소비문화의 변화를 하나의 주제로 단순화해 이야기하기는 힘들다. 비대면이 강제되는 사회경제적 구조 대변화 속에서 대면 비즈니스와 비대면 비즈니스 공급자와 수요자의 복잡한 관계가 만들어지고 소비양상 역시 복잡성을 지니게 되었기 때문이다. 그런데도 공통적으로 주목할만한 소비문화 현상을 하나 뽑으라면 '중심 정체성 소비(core identity consumption)의 확산'을 들 수 있겠다. 소비는 자본주의 사회 속 물리적 생존에 필수 불가결한 과정이지만 한편으로는 소비자가 사회적 정체성(또는 사회적 자아, social identity)을 표현하는 일종의 상징적 수단(symbolic tool)이기도 하다(Jackson, 1999). 우리는 자아 표현을 위해 실용적인 필수재 외에도 보석과 고급 차량이나 의류 그리고 호텔 회원권과 같은 다양한 상징적 사치재를 구매한다. 또, 각 소비자가 염두에 둔 사회적 참조집단(social reference group)의 영향에 따라 그들과 유사하거나 때로는 구별되는 소비양상을 보여준다(Bearden & Etzel, 1982).

코로나19 이후 우리는 재택 시간이 급증하고 삶에 대한 총체적 불확실성을 맞이하면서 미래에 대한 예측과 통제력에 대한 자신감이 크게 줄었고 소유물을 통한 사회적 자기표현 욕구의 모습도 바뀌고 있다. 혼돈의 세상에서 예기치 못한 죽음을 바라보는 간접경험은 소비자들이 근원적 자아(core identity)에 대해 고민하고 자신의 본연적 가치의 발견과 발견한 가치를 표현하기 위한 도구로서의 소비를 촉진하고 있다. 과거의 정체성 소비는 내가 소속된 커뮤니티의 의미에 편승해 표면적 자아를 표현하는 것이었다. 그러나 이제 '내 집(my home)'이라는 제한된 삶 속에서 비대면을 통해 '나'라는 주체에 대한 중심가치(core value)를 발견하고 표현하고 있다. 위와 같은 변화는 기존 불경기 상황에서의 소비자 행동 연구(예: Flatters & Willmott, 2009)의 결과와는 일면 유사하지만, 소비자의 경제적 문제를 넘어 생명의 문제까지 결합해 발생한 소비자 심리라는 측면에서는 다르다. 이런 변화 속에서 개인의 독특한 개성과 정체성을 대변할 수 있는 소비 현상들을 속속 발견할 수 있다. 물론, 고립과 불안에서 발생한 코로나 우울증(Corona Blue)을 극복하고자 하는 일종의 '보복 소비(revenge spending: 외부적 요인으로 억눌렸던 소비가 보복하듯 한꺼번에 분출되는 현상)'로 대표되는 자기 위안적인 소비가 간헐적으로 있을 수 있지만(Kruger, 1988), 사회적 고립조차도 이제 생활로 굳어질지도 모르는 시점에서까지도 주류현상이 되기 어렵다고 본다.

개인의 가치표현은 집안 체류 시간이 늘어나면서 낯선 이에게 직접 보여주기보다는 본인이나 가족 그리고 가까운 지인과 함께 경험할 수 있는 제한되고 가까운 형태의 커뮤니케이션으로 전환되고 있다. 이런 배경에서, 향후 마케팅의 방향은 이제 "많은 사람이 찾는 유행에 따라 구매하는 것이 더 좋은 결정"이라는 소비자 욕망의 '편승효과(bandwagon effect)'를 노린 마케팅보다는 소비자 개개인의 중심가치에 집중한 좀 더 '개인화된 미세 마케팅(personalized micro marketing)'이 될 것이다. 또, 소비자 개개인의 변화된 심리를 알아가려는 기업들의 다양한 노력이 수반될 것이다. 자연스럽게, 위와 같은 마케팅 활동에 있어서 개개인에 접근 가능한 온라인 소셜 미디어가 주력 채널이 될 것이다.

한편으로, 중심 정체성에 초점을 둔 소비의 확산은 우리 사회에 긍정적 효과를 불러일으킬 수 있을 것으로 기대된다. 예컨대, 삶의 유한성에 대한 체감으로 소비자들이 자연과 환경을 생각하는 소비행태의 확산과 '개별화된 정체성을 갖춘 개인'이 중심이 된 주체적 소비문화 형성을 통해 사회적 다양성을 갖춰갈 수 있을 것이다. 저서 〈거대한 전환(The Great Transformation)〉에서 칼 폴라니(Karl Polanyi, 1886-1964)는 맹목적으로 과속 질주하는 시장경제, 기술 산업 지상주의의 위험을 통제하고 관리할 것을 역설했다(Block, 2003). 비대면 중심 정체성 소비환경으로 전환이라는 국면에서 경제적 풍요를 위해 무차별적 구매와 잉여 생산물의 폐기를 번복해온 현 글로벌 경제체제를 돌아보고 생존 가능한 미래를 위해 수정할 기회로 삼아야 할 것이다.

언택트 2.0 시대의 미디어

언택트 환경에서 미디어 사업자의 흥망이 교차하고 있다. 우선, 신문의 경우 온라인을 통한 뉴스 접속량은 폭발적으로 늘고 있지만, 지면 구독률이 낮아지면서 광고수익이 급격히 줄어들고 있다. 워싱턴포스트와 뉴욕타임스를 포함한 해외의 몇몇 온라인 신문사의 경우, 유료구독이 증가하고 있지만, 광고수익 하락으로 경영난은 피할 수 없게 되었다. 유료구독률이 낮고 각종 문화 이벤트나 협찬 행사까지 전면 취소된 국내 언론사의 경우 심각한 생존 위기에 직면해있다. 경영난을 타개하기 위해 선도 신문사들은 유료가입자를 대상으로 하는 전문 뉴스레터, 인포그래픽, 온라인 세미나를 통한 디지털 신규수익 창출을 시도하고 있다. 보수적인 신문사들까지도 이제 기사형 광고의 진화된 형태인 '네이티브 광고(native advertising)'를 보다 적극적으로 도입하는 등 다양한 상업적 시도를 진행하고 있다. 언론의 공공성과 신속 정확한 속보의 중요성이 그 언제보다 더 중요해진 현시점을 고려할 때 언론사의 경영난은 기업을 넘어 시민사회의 위기가 아닐 수 없다.

사회적 거리두기(social distancing)의 일상화에 따라 감염병으로부터 본인을 지키기 위해서 다중 이용시설인 극장이나 콘서트홀 등을 피하는 것은 당연하다. 동영상 미디어의 모태라고 볼 수 있는 극장의 잠정적 폐쇄를 앞당긴 요인이 디지털 혁신이나 소비자 취향의 변화가 아니라 바로 자연재앙이라는 것이 매우 놀랍다. 극장이 고전하는 가운데서 이제 사라져가고 있는 '자동차 전용 극장(drive-in theater)'이 사회적 거리가 보장된 공간으로 여겨지면서 호재를 보고 있는 현실은 예상하지 못한 환경변화에 따라 흥망이 교차하는 미디어 산업의 한 단면이다. 대규모의 관중을 동반하는 스포츠 경기가 사실상 중지되면서 오프라인 스포츠를 실시간 방영하는 ESPN과 같은 스포츠 전문 매체들과 관련한 광고 사업자들은 기업 운영에 난항을 겪고 있다. 반면, 집안 체류 시간이 늘어가면서 집에서 즐길 수 있는 미디어인 TV나 OTT 이용이 늘고 있다. 실제 코리안클릭의 통계에 따르면 2020년 3월 넷플릭스(Netflix)는 국내에서만 약 1백만 명의

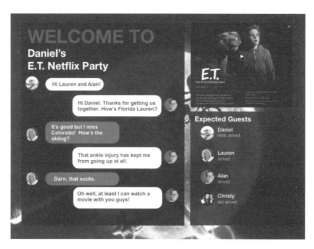

[그림 1-3] 넷플릭스 파티 구현 화면

출처: https://www.behance.net/

월간순이용자(MAU: Monthly Active User)가 증가했다고 한다.

OTT 서비스는 과거에 시도했으나, 대중문화로 발전하지 못했던 '사회적 시청(social viewing: 온라인 콘텐츠를 여러 사람이 동시 시청하고 의견을 나누는 것)'이라는 문화를 확산시키고 있다(최윤정, 2014). 실례로 넷플릭스는 2020년 3월 '넷플릭스 파티(Netflix Party)'를 출시해, 집에서 동일 콘텐츠를 시청하는 이용자들이 텍스트나 비디오를 활용해 채팅이 가능한 기능을 만들었다. 유튜브 등 소셜 동영상에서 제한적으로 이뤄져온 사회적 시청이 OTT 전반에 널리 적용되며 고도화되는 중이다.

비대면이라는 제약을 극복하기 위해 공연과 콘서트도 맞춰 변모하고 있다. 2020년 4월 비정부기구(NGO)인 글로벌시티즌

[그림 1-4] 온라인 공연 중인 레이디 가가

출처: YouTube

(Global Citizen)은 코로나19로 지쳐있는 전 세계인들을 위로하기 위해 다수의 음악가와 협업해 유튜브로 무료 온라인 공연을 펼쳤다. 유명 가수들(레이디가가, 아담 램버트, 호지어 등)이 각자의 장소에서 '홈 공연'을 펼치거나 비대면 콜라보레이션을 했는데 영상의 조회 수는 700만을 훌쩍 넘었다(2020년 5월 기준). 오프라인 콘서트는 음악가에게 가장 큰 수익원 중 하나다. 온라인 콘서트에 크라우드 펀딩과 같은 수익모델을 효과적으로 접목한다면, 일시적 현상이 아니라 지속적인 비즈니스모델로 생존할 수도 있을 것이다.

미디어는 우리 삶의 변화에 맞춰서 동시에 함께 진화(공진화, co-evolution)하고 있다. VR(가상현실, Virtual Reality)·AR(증강현실, Augmented Reality)로 대표되는 실감현실 기술도 우리에게 일상의 현실로 다가오고 있다. VR을 활용한 리모델링 가상체험 서비스를 통해 소비자가 업체를 방문하지 않고도 리모델링한 공간을 사전에 확인하거나, 모델하우스에 방문하지 않고 구매

[그림 1-5] 열화상 디지털사이니지와 홀로그램 터치 기술을 적용한 엘리베이터

출처: Kayros Production / Neonode Holographic Touch

를 검토하는 등 집에 관련한 세부 정보를 3D로 체험할 수 있다. 수년 전 박람회에서나 볼 수 있던 기술이 이제 건물 분양의 필수 아이템으로 자리 잡혔다. 바이러스에 대한 우려에 따라 각종 평범한 디지털사이니지에도 발열 진단용 적외선 카메라를 탑재한 형태가 등장했고 터치스크린에 물리적 접촉이 불필요한 홀로그램형 터치 미디어까지 속속 등장하고 있다.

언택트 2.0 시대의 광고
그리고 애드테크

다음으로 미디어 산업의 변화와 직접적인 관련이 있는 광고 산업과 광고기술을 살펴보도록 하자. 코로나19가 촉발한 '비대면 커뮤니케이션 빅뱅'은 백신이나 치료제가 보급된 이후에는 주춤할지도 모른다. 하지만 실험과 변화의 여파는 다양한 모습으로 장기간 우리와 함께할 것이다. 세계보건기구(WHO)가 판데믹(pandemic)을 선포한 3월 14일 이전에도 이미 세계 광고시장의 피해는 상당했다. 글로벌 디지털 광고시장 양대 강자인 구글과 페이스북조차도 2020년 광고 매출은 기대보다 약 440억 달러(약 54조 8천억원) 줄어들 것으로 전망했으니(2020년 3월 기준) TV와 신문으로 대표되는 전통매체의 타격은 굳이 거론할 필요도 없을 것이다. 한국방송협회는 코로나19 사태 발생 이후 TV광고 매출이 40%가량 줄어들 것을 전망했다(2020년 4월 기준).

다수의 기업이 광고·마케팅 비용을 크게 줄이고 있다. 광고시장의 경직은 코로나19 사태와 관련해 너무 많은 불확실한 변수들에 대비해야 한다는 우려 때문이다. 엄중한 시기에 상업광고를 집행해 시민들의 반기업적 인식이 높아지지 않을까 하는 기업들의 근심 역시 기업들의 광고 집행을 주저하게 하는 데 한 몫하고 있다. 과거 광고를 통해 소비문화를 의도적으로 조성하고 기존에 없던 새로운 시장을 창출하는 단선적이고 커뮤니케이션 강효과 직접화법은 이제 대폭 수정을 요구받고 있다. 그렇다면 비대면 환경에서 광고는 어떻게 변모해갈 것인가? 그 변화의 양상들을 애드테크를 중심으로 정리하면 아래와 같다.

소비자 농사로 광고 패러다임 전환

현재까지의 광고가 강제적으로 타깃 청중에게 전달하는 '사
냥 모델(hunting model)'이었다면, 이제는 마치 농사를 짓는 것
처럼 장단기적 관점에서 소비자의 필요를 읽고 지속적이고 반
복적인 소비를 만들어내는 '농사 모델(farming model)'로 전환되
어야 한다. 예컨대, 코로나19 관련한 뉴스가 높은 조회수를 올
리고 있다고 무작위로 코로나 관련 뉴스에 광고를 집행하는 일
차원적인 광고 시스템을 개선하고 최적의 콘텐츠에 특정 광고
를 집행하는 '광고인증(advertising verification) 시장'이 발전하
고 있는 것은 좋은 사례다. 구체적으로, 기존의 RTB(Real-Time-
Bidding, 광고주의 실시간 광고 경매)과정을 개선하려는 목적으로
고도의 광고기술(Ad Tech)을 활용 사이트에 접촉한 사람, 광고
콘텐츠, 광고가 노출된 사이트의 맥락(context), IP주소 등의 내
용과 진위를 판가름하는 기술이다. 과거의 사냥 모델이 광고의
노출 그 자체에 집중했다면 이제 광고 전달의 맥락과 예상 효과
의 달성 여부까지 염두에 두고 있다. 이런 흐름은 최근 광고계에
서 회자 되고 있는 '브랜드 안전(brand safety)'과도 같은 맥락에
있다. 내 브랜드가 부정적인 콘텐츠나 부정적 광고 또 부적합한
맥락과 연결되지 않길 바라는 광고주의 요구가 커지고 있다.

정서 경제의 부상

'주의경제(attention economy)'라고 하면 얼마나 많은 소비자의 얼마나 긴 주목을 받을 수 있는가가 바로 경제적 가치와 같다는 개념이다. 최근에는 주의(attention)의 총량보다는 얼마만큼 소비자의 정서(emotion)를 움직여 자발적 동의와 구전을 만들어내는가가 더 중요해지고 있다. 이를 '정서경제(emotion economy)'라고 명명할 수 있다. 예컨대, 2019년 브라질의 한 광고회사(David SP)가 집행한 버거킹(BurgerKing) 광고는 제한된 광고비로 패스트푸드 업계 선두자인 맥도날드를 따라잡기 위해 특별한 증강현실 기술을 활용했다. 구체적으로, 맥도날드의 옥외광고(거리 포스터, 버스 승차대, 빌딩 전광판 등)를 스마트폰으로 비추면 맥도날드 광고판이 불타는 장면과 함께 버거킹 제품이

[그림 1-6] 버거킹 브라질이 시도한 Burn That Ad 캠페인

출처: https://www.thedrum.com/

등장하도록 연출했는데 소비자가 그 장면을 SNS에 공유하면 특별 할인권을 받게 되었다. 위 캠페인은 단순히 광고 전달에 급급해하지 않고 소비자의 강렬한 정서 반응을 만들어내 목표한 행동까지 만들어냈다.

같은 맥락에서, 2020년 여름 서울 삼성동 코엑스(COEX) 야외에 집행된 디지털사이니지 미디어아트인 웨이브(WAVE)는 CNN과 포브스(Forbes) 등 언론과 수많은 디자이너 커뮤니티에서 호응을 받았다. 1,620㎡(가로 81m×세로 20m)의 초대형 규모의 곡면 LED 스크린에서 펼쳐지는 파도의 향연을 보기 위해 방송 시간에 맞춰 현장을 찾는 시민들까지 있을 정도로 인기를 끌었다. 광고용으로 집행되지는 않아서 광고주 브랜드 노출이 전혀 없었지만 무더운 여름에 파격적인 영상 콘텐츠를 집행함으로써

[그림 1-7] 삼성동 COEX 외부에 집행된 디지털사이니지 미디어아트

출처: CJ Powercast & d'strict

시민들의 자발적 참여와 세계적인 구전을 끌어낸 것이다. 결국, 미디어아트 콘텐츠를 통해 '얻어진 미디어 효과(earned media effect)'는 매체의 가치를 상당히 높였을 뿐 아니라 인접해 광고된 브랜드의 광고 가치까지 높였다.

데이터와 크리에이티브의 창의적 통합

언택트 마케팅은 대면접촉을 피하고자 하는 고객의 불편함을 해소하고 가능한 신속-정확하게 고객에게 필요 물품이나 서비스를 제공하는 것이 핵심이다. 따라서 인공지능, 사물인터넷, 빅데이터 등 4차 산업혁명 기술들을 통해 소비자 정보를 분석하고 앞서 언급한 중심 정체성과 소비자 가치표현에 적합한 상품과 서비스를 제공하려는 시도가 크게 늘어갈 것이다. 아쉽게도 지금까지의 광고 방식은 여전히 틀에 박힌 모습의 '직접적 판매 소구(hard selling)'에 머무르고 있어 광고에 회의적인 다수 소비자에게 호응을 얻기 어려웠다.

광고는 흔히 '예술(art)과 과학(science)의 결합'이라고 불린다. 100년이 넘는 현대광고의 역사에서 때로는 예술이 때로는 과학이 주도권을 잡았지만 이제는 소위 빅데이터와 알고리즘이라고 불리는 과학이 승자가 된 현재에 이르고 있다. 하지만, 언택트 2.0 시대는 과학과 예술이 상승작용을 일으킬 수 있는 다양한

[그림 1-8] 2019년 'Go Back To Africa' 캠페인

접근들이 등장할 것이다. 그 좋은 사례가 2019년 집행된 아프리카 관광 캠페인(BLACK & ABROAD)이다. 온라인에는 흑인을 비하하려는 의도로 "아프리카로 돌아가라(Go Back To Africa)"라는 부정적 표현이 많다. 이런 표현들을 인공지능을 통해 수집하고 그 표현이 등장했을 때 역설적으로 아프리카의 매력을 목표 청중의 프로파일에 맞춰 관광지 광고 메시지를 인공지능으로 자동 제작해 집행하는 방식이다. 2019년 칸느 광고제에서 그 랑프리를 수상하고(2019' Cannes Lions CREATIVE DATA LIONS GRANDPRIX) 실제로도 우수한 마케팅 성과를 얻은 위 캠페인은 광고목표를 위해 데이터와 크리에이티브를 잘 조합한 좋은 사례다. 애드테크라고 불리는 첨단 마케팅 기술이 직접 소기의 성과를 약속해줄 것이라고 기대하면 큰 오산이다. 광고의 핵심은 여전히 창의성(creativity)이며 데이터와의 상승적 결합은 목표 이상의 마케팅 효과를 만들어낼 수 있는 큰 원동력이 된다.

마치는 글

폴란드 출신의 사회학자 지그문트 바우만(Zygmunt Bauman, 1925-2017) 교수는 100년 넘게 지속한 현대 자본주의는 이윤이 노동자의 착취에서 나오는 '생산자 사회'에서, 소비주의적 욕망의 착취에서 나오는 '소비자 사회(consumer society)'로 변화되었다고 주장했다. 이 소비자 사회의 소통을 책임져온 것이 다름 아닌 '광고'다. 우리는 코로나19 이후 생산과 소비가 최소화되는 경험을 통해 역설적으로 '지속 가능한 소비사회'라는 희망의 단편을 볼 수 있었다. 다시 말해, 코로나19는 '공존해야 할 인류와 지구 환경 속에서 더 나은 삶을 위한 지속가능성'이라는 궁극적 명제를 가운데 두고 물리적 성장만을 위해 맹목적으로 달려온 우리의 현재를 고심해볼 기회를 제공하고 있다. 자본주의의 꽃으로 불린 광고 역시 '너무 많은 생산과 불필요한 소비'로 대표되는 '과다생산소비 시스템'의 대폭 수정이라는 맥락에서 우리 사회를 보다 지속할 수 있도록 만들기 위해 광고의 지향점에 대한 고민을 시작해야 할 것이다. 또, 광고는 마케팅이기 이전에 '일상의 콘텐츠이며 대중문화 요소'임을 잊지 말아야 한다. 이미 우리 생활의 공기가 되어버린 광고가 우리 일상을 더 즐겁고 편안하게 만들어갈 수 있도록 광고인들의 중지를 모아야 한다. 언택트 2.0 시대에서 소비자와 광고주 모두에게 의미 있는 콘텐츠 생산을 통해 국내 광고 관련 제반 산업의 지속가능성과 보다 성숙한 소비문화를 만들어가야 할 것이다.

광고의 미래 **넥스트 10년** ◎ ○

광고의 미래
넥스트 10년

Chapter 2.

빅데이터 시대,
새로운 광고전략

빅데이터가 정리한
소비자의 패턴들

김현진

숙명여자대학교 미디어학 박사

빅데이터를 활용한 고객 맞춤형 광고시대, 이제는 불특정 다수를 향하는 마구잡이 광고는 설 자리를 잃고 있다. 직감에만 의존하던 마케팅 시대는 갔다. 이제는 방대한 데이터로 고객을 특정화해 선호할 만한 맞춤 메시지를 시시각각 전달하는 시대가 왔다. 이 모든 것은 온−오프라인 고객 데이터를 분석하는 빅데이터 기술이 새롭게 등장·진화했기 때문이다. 그 변화의 흐름을 마케팅 전략에서 주로 활용되는 STP(Segmentation, Targeting, Positioning) 키워드를 중심으로 살펴보고자 한다.

본래 STP 광고전략은 시장을 세분화(Segmentation), 타기팅(Targeting), 포지셔닝(Positioning)하여, 규정화된 메시지를 전파하는 마케팅 활동을 하는 것을 말한다. 수신인이 불명확한 러브레터만큼 진정성이 떨어지는 것이 없듯이, 이제 광고도 맞춤형 광고가 인기다. 빅데이터 기술의 발전으로 소비자의 실시간 검색(Search), 탐색 행동(Behavioral Targeting)의 움직임을 포착해 구매의 경로(Purchase Pathway)에 침투하는 마케팅으로 진화하고 있다.

빅데이터 시대의 세그멘데이션,
실시간 검색과 애드테크

실시간 검색

"구글, 우리 부부의 옛 사진을 보여줘"

[그림 2-1] 구글의 2020 슈퍼볼 광고용 캠페인 로레타

85세의 할아버지가 구글 검색창에 '어떻게 하면 잊지 않을까(how to not forgot)'를 검색하는 화면으로 광고가 시작된다. 그 다음 "좀 더 세부 내용을 말해주세요(Repeat to detail)"라고 하자, 할아버지는 "구글, 부인 로레타(Loretta)의 사진을 보여줘"라

고 한다. 그 다음 등장하는 사진은 지난 세월이 고스란히 담긴 젊은 시절의 부부의 모습이 등장한다. 그들이 함께 가던 시트카(Sitka)지역에서 물고기 잡던 사진, 이어 부부가 좋아하던 영화 '카사블랑카'가 등장한다. 부인 로레타가 좋아했던 꽃 튤립, 아이의 자전거를 태워주던 모습 등 할아버지 부부의 행복했던 순간을 영상으로 보여준 후 '작은 것에 대한 작은 도움(A little help with the little things.)'이라는 메시지로 광고가 끝난다.

구글은 개인의 검색기록, 사진첩이나 동영상, 자주 보는 동영상 등 개인에 대한 세세한 정보를 가지고 있다. 사람들은 스마트폰을 지니고 하루를 궁금한 것이 생기면 우선 검색을 해본다. 사람들은 포털사이트에서 검색하기도 하고, 메신저로 물어본다. 또는 소셜미디어에서 '해쉬태그(#Hashtag)'로 검색하고 후기나 정보를 찾아보고, 물건을 구매하는 것이 일상이 되었다. 그렇게 작은 정보들이 쌓이면서 개인이 기억하지 못하는 과거의 경험, 자주 찾는 장소, 좋아하는 취향에 대한 정보들을 구글과 같은 IT 기업이 가지게 되었다. 실시간으로 많은 사람이 검색하고, 클릭하는 것들은 거대한 흐름이 되어 각 개인을 대표하는 거대한 데이터로 시장의 흐름을 알 수 있는 지표로 활용되기도 한다.

브랜드 보유채널(Owned media)에서 일어나는 고객의 클릭 행동들을 분석(Click stream)해 마케팅에 적용하고 있다. 유저를 찾아내는 과정을 통해서 고객의 취향을 더욱 깊게 이해하고 맞춤형 서비스를 제공한다. 그리고 캠페인은 더욱 소비자의 자발적인 참여를 유도하는 방식으로 진행된다. 예를 들어, 신용카드 결제 데이터를 바탕으로, 그 사람의 관심과 소비하는 시간에 대하여 깊이 이해한다. 그리고 이러한 정보를 바탕으로, 상품을 기획하고 고객에게 맞춤 광고를 할 때 보다 정교한 광고·마케팅이 가능하다.

광고를 기획하고 물건을 판매하는 데에도 사람들이 어떤 이슈나 제품에 관심이 있는지 이력을 살펴보고, 인기 있는 키워드 순위를 살펴서 사람들의 생각을 파악한다. 이를 통해, 많은 사람이 관심을 가지고 방문하는 모바일 앱 서비스들은 유료로 구매하는 고객뿐 아니라 다양한 광고수익으로 운영을 할 수 있게 되었다. 또한, 이 광고 플랫폼들을 지탱하는 새로운 기술은 하루가 다르게 빠른 속도로 진화하고 있다. 즉 데이터와 정보를 바탕으로, 한 사람에게 맞는 광고가 가능해졌다. 과거 기존의 대형마트 전단지는 모든 소비자에게 같은 광고를 노출해 정교함이 떨어지고 소비자들이 내용을 파악하기도 어려웠다. 하지만 빅데이터를 활용한 타기팅 광고는 소비자들이 찾는 상품을 적시에 알 수 있다. 자사 고객 데이터 분석이 다양한 차원에서 이루어진다. 예를 들어, 오전에는 오전 쇼핑시간대에 주로 찾는 우유나 커피, 샌드위치 등의 광고를 보여주고, 저녁에는 바로

먹을 수 있는 야식 등의 광고를 보여주는 식이다. 대상 고객이 주부인지 싱글인지, 혼자인지 여럿이서 왔는지 등을 사전에 파악해 고객이 필요한 정보를 줄 수 있다. 소비자가 원하는 상품이 무엇인지를 미리 파악해 관심 목록을 알려줄 수도 있다.

온라인 판매데이터를 분석해서 새로운 광고 콘텐츠를 기획하는 것도 가능하다. 예를 들어, 새로운 자동차를 구매할 때 기존에는 어떤 차를 살지 각 자동차 회사의 제품 설명서를 보면서 매장을 찾아 시승을 해보고, 어떤 딜러에게 사는 것이 좋은지 연락처를 받아 비교해본다. 자동차 관련 키워드를 검색해보고 제품의 장점은 무엇인지 사람들의 후기가 어떤지를 비교해본다. 자동차 박람회에 가서 소개 영상을 보거나, 직접 차를 시승해 본 사람들의 영상을 주기적으로 살펴본다. 차를 구입하는 방식도 일시불로 현금으로 결제할 것인지, 카드로 결제해서 할인을 받을 것인지에 대해서 차를 사려는 사람은 꾸준히 검색하고, 자동차 관련 사이트나 모바일 앱 등을 통해 제품과 구매 방법을 비교하고 또 분석한다.

과거의 온라인 광고들은 일정 횟수 이상의 노출 후 클릭하는 과금 체계로 광고를 운영했었다. 하지만 최근에는 더욱 적확한 고객에게 관심을 가질만한 광고를 보여주고, 실질적인 행동(Action)으로 이어지게끔 광고를 보여준다. 차를 구매한 고객과 차량 정보는 자동차 보험 회사들에게도 중요한 데이터가 된다.

고객의 검색 관련 메시지를 추가적으로 노출해 직접적인 구매가 일어날 수 있도록 유도한다.

애드테크

애드테크(AD-Tech)는 애드(AD)와 기술(Technology)의 합성어다. 광고에 디지털, 모바일, 빅데이터 등 IT 기술을 적용한 광고 기법을 말한다. 온라인 광고 시장 초기에는 홈페이지를 운영하는 매체사(Publisher)와 광고주가 직접 연락해 자료나 게재 위치, 광고 단가 등을 일일이 합의하고 광고를 했다. 하지만, 애드테크 시대에는 데이터로 광고성과 측정이 가능해지면서 효율이 나오지 않는 매체에는 광고를 집행하지 않고, 효율이 높은 매체에 집중적으로 광고를 하는 것이 가능해졌다. 철저하게 결과 중심으로 광고가 이루어지는 것이다.

모바일 마케팅은 크게 2개의 축으로 나눌 수 있다. 광고를 집행 하고자 하는 광고주(Advertiser)와 광고지면을 가진 매체(Publisher)다. 매체는 제품이나 브랜드를 알리고자 하는 광고주의 니즈를 대신해 광고비를 받는다. 이 과정에서 광고주와 매체를 연결하는 기술이 바로 애드테크(Ad Tech)다. 예전에는 신문이나 방송 광고의 정해진 시간의 지면을 구입해서 진행했다면, 광고 시장에 디지털 기술이 접목된 지금은 '기술'의 중요성이 더 커졌다. 예를 들어, 자동차 브랜드 광고를 진행할 때 포털의 자동차 섹션이나 자동차 관련 웹페이지에서 광고를 집행해야 한다고 미디어 플래닝을 해왔지만, 관련 키워드를 검색한 잠재적 구매자가 자동차 섹션이 아닌 부동산 섹션을 방문할 수 있고, 뉴스나 여행 페이지에 갈 수 있다. 이 고객이 방문하는 페이지에 자동으로 자동차 광고를 띄우는 것이다. 모바일 안에서 움직이는 고객의 위치데이터를 결합해 원하는 시간에 빅데이터를 활용해 광고할 수 있게 되었다. 좀 더 많은 구매 가망 고객들을 만날 수 있고, 매체는 자신의 지면을 최대한 활용할 수도 있다.

광고의 거래는 애드익스체인지(Ad Exchange)에서 이루어진다. 주식시장과 같이 광고가 실시간으로 거래되는 시장이다. 애드익스체인지에서는 실시간으로 광고의 가치가 판단되고, 거래된다. 광고지면을 사겠다는 광고주와 광고지면을 팔려고 하는 매체가 만나는 곳이다. 가격과 지면은 실시간으로 변화한다. 이곳에서는 실시간 입찰(Real Time Bidding, RTB)을 통해 주식시장과 같이 광고지면의 단가가 결정된다. 또한, 인플루언서들은 메시지의 전파에 영향을 미치며 신제품을 협찬 받거나, 광고수익을 얻으며 개인 미디어 기업으로 활동하기도 한다.

	애드테크 1.0	애드테크2.0
구조	광고주-광고대행사-미디어랩사-매체	광고주-애드익스체인지(Ad Exchange)-매체
주도자	지면을 보유한 매체	실시간 광고 구매자
제공 데이터 종류	인구통계학적 분류방법 세대, 성별로 광고 시청 집단의 평균값	고객의 행동정보 (고객에 대한 자세한 정보, 맞춤형 메시지전달 용이) 지오펜싱(Geo-Fencing)
고객데이터 수집방식	단기적 이용고객 조사	장기적 자체 플랫폼
가격 결정방식	매체가 광고 단가 책정	실시간 입찰 (Real Time Bidding)
광고형태	주로 디스플레이 배너	동영상 광고 등 다양
운영방식	사람	인공지능(AI)

빅데이터 시대의 타기팅,
구매 경로 파악해 행동 리타기팅

빅데이터로 고객의 행동과 심리 파악하기

소셜미디어 데이터를 분석해 상품을 새롭게 출시해 성공한 사례도 있다. 알려지지 않았지만, 의미있는 메시지를 발굴해, 새로운 기회로 활용하는 것이다. 유유제약의 멍연고는 좋은 사례다. 21년 전에 출시된 유유제약의 진통소염제 '베노플러스 젤'을 사람들이 '멍연고'로 활용한다는 사실을 발견했다. 그냥 개인의 직관에 의한 결론이 아닌, 약 26만 건의 소셜미디어에서 텍스트 마이닝(Text Mining)해 고객 후기들을 발견한 것이다. 이러한 내용을 살펴본 후, 더욱 부합하는 타깃을 설정했다. 영·유아가 아니라 20~30대 여성으로 새롭게 규정하여, 대대적으로 광고를 했다. 광고를 하는 시점도 고3 수험생, 대학생의 성형 성수기인 방학에 맞춰 광고를 진행한 결과, 5년 사이 매출이 50% 이상 성장하는 성공을 이뤘다. 시장을 넓게 보고, 브랜드 위치를 규정하는 작업도 병행했다. 이들은 경쟁 구도를 유아연고분야 내에서만 확인한 것이 아니라, 경쟁브랜드 카테고리(Category)에 존재하지 않는 포괄적인 분야로 확대해 사용 관련 후기 등을 파악했다. 그 분석결과를 바탕으로 새롭게 포지셔닝(Re-positioning)해 마케팅에 성공하였다.

넷플릭스의 오리지널 〈하우스 오브 카드(House of cards)〉는 정치물 드라마를 선호하는 사람들의 취향을 고려해 케빈 스케이시를 캐스팅하는 등의 노력으로 큰 성공을 거두었지만, '주인공의 미투(Me-too) 이슈로 시즌 6에서' 시리즈가 마감되기도 했다. 아마존이 만든 공화당원 네 명이 등장하는 드라마 〈알파하우스(Alpha House)〉는 많은 관심을 갖지 못하고 사람들의 기억에서 사라졌다. 세바스찬 베르니케(Sebastian Wernicke)는 테드

(TED) 〈히트작 TV쇼를 만들기 위한 데이터 사용법〉에서 넷플릭스는 기존에 콘텐츠를 선택하고 소비하는 사람들의 데이터를 세세하게 분석해 여러 요소들을 고려해서 드라마를 만든다. 그에 비해 아마존은 단편적으로 사람들의 의견을 수집해 그 데이터에만 의존해 작품을 만들어 결과적으로 큰 호응을 얻지 못했다고 분석했다. 방대한 데이터로 큰 흐름을 살피거나, 여러 단서를 찾아내는 데 활용할 수 있다. 하지만 결국 그 데이터를 통해 고객의 마음을 파악하고 맥락적으로 상황을 파악하고, 새로운 가치를 만들어내는 것은 사람이 인사이트를 발견해 전략을 실행해야 한다. 예를 들면, 최근에 딸기 구매가 많아진 고객의 경우에는 '과일'을 자주 사니까 과일 할인 쿠폰을 보내주는 방식의 마케팅이 아니라, 언제 구매가 늘어났는지, 딸기와 함께 구매한 품목은 무엇인지, 어디서 구매했는지 등을 구매맥락을 살펴보고, 딸기가 먹고 싶은 초기 임산부임을 유추해 베이비 페어 정보를 제공하는 등의 마케팅이 가능할 것이다.

이런 고객의 행동 데이터를 분석하는 일은 시시각각 변화하는 고객의 행동 데이터 속에서 인사이트를 찾아야 하므로, 분석 시간이 오래 걸린다. 온라인에 언급된 수많은 데이터를 분석하는 일이기 때문에 자판기처럼 원하는 결과를 얻기는 힘들다. 담당자는 데이터를 탐험하듯 끊임없이 살펴봐야 한다. 그나마 빠르게 분석하려면 '결과'를 먼저 그려야 한다. 어떤 목적으로 어떤 결과물을 분석하고자 하는지에 대해서 목표를 정하고 데이터를 다양한 측면에서 살펴야 한다. 소셜미디어 데이터는 이슈가 어떻게 확산되는지를 살펴볼 수도 있고, 데이터 속에서 핵심 인물이나 이슈를 만들어 내는 사람, 이슈 생산의 허브(Hubs) 또는 인플루언서를 파악해 이들을 확산 채널로 활용할 수도 있다.

빅데이터를 활용한 네이티브 광고

네이티브 광고(Native Ad)는 광고처럼 보이지만, 광고가 아닌 모습으로 침투해 있다. 페이스북이나 카카오스토리 같은 페이지의 안쪽에 위치할 때도 있고, 때로는 웹페이지의 중간에 기사나 정보성 포스팅인 것처럼 숨어 있다. 광고의 외형이 디지털 환경에 맞게 최적화된 형태로 전달된다. 이는 기존의 올드미디어와 확연한 차이를 보인다.

올드미디어로 정해져 있는 시간에 광고를 방영하면 상영하는 시간에만 제품을 잠깐 노출할 수 있을 뿐이었다. 하지만 온라인 페이지나 인터랙티브 콘텐츠로 제품을 전달하면 이에 관심이 있는 사람들에게 좀 더 긴 시간 동안 브랜드가 원하는 메시지나 정보를 깊이 있게 전달할 수 있다. 온라인에서 사람들은 유익한 정보를 얻거나, 재미를 느끼기 때문에 거부감이 덜하다.

사람들은 유익한 정보전달 포스팅이나 기사라고 생각하고 콘텐츠를 접하지만, 사실 광고페이지임을 알았을 때 배신감을 느끼게 된다. TV 예능 프로그램에서 출연한 출연진들이 입고, 먹고, 즐기는 장소에 제품을 자연스럽게 노출하는 간접광고(Product Placement, PPL)처럼, 곳곳에 광고가 침투되어 있다.

네이티브 광고(Native Ad)는 디지털 환경에 맞게 최적화된, 사람들의 관심을 끄는 브랜드의 스토리를 담은 형식의 리타기팅(Retargeting) 광고를 말한다. 이용자가 기존에 경험했던 콘텐츠 일부로 작동하여, 사용자의 관심을 적극적으로 끄는 형식을 사용한다. 실시간 빅데이터로 고객 눈높이 콘텐츠를 만든다. CMS(Contents Management System)에는 기사에 대한 독자 유입경로, 트래픽이 실시간으로 연동되어 콘텐츠 제작에까지 반영된다. 버즈피드(BuzzFeed)는 콘텐츠를 만들 때 데이터 사이언티스트(Data Scientist)가 제작부터 유통까지 함께 참여한다. 철저한 추천 시스템으로 독자마다 보이는 제목, 썸네일(Thumbnail) 이미지, 기사 위치가 달라진다. 기존의 고객 행동 데이터를 바탕으로 독자가 좋아할 만한 콘텐츠를 알고리즘으로 알아서 추천한다. 이러한 과정이 저절로 이루어지는 것이 아니라, 끊임없이 독자의 반응을 모니터링을 통해서 가능해진다. 또한 기사를 읽고 나서 손쉽게 페이스북, 트위터 등의 소셜 채널에 공유하게 하고, 이를 SOV(Share of Voice)로 관리한다.

버즈피드의 정리기사인 리스티클 역시 중요한 사례이다. 이러한 콘텐츠는 리스트(List)와 아티클(Article)의 합성어로 독자가 관심을 가질 주제에 이미지나 영상과 함께 번호를 붙여 나열하는 형식의 기사다. 예를 들면, '죽기 전에 가 봐야 할 100곳', '비오는 날 들어야 할 음악 10곡' 등이다. 이 밖에도 퀴즈 형식, 움직이는 움짤(GIF 등 움직이는 이미지) 등의 형식으로 재미있게 재가공해 PC, 모바일, SNS 채널에 맞춤 제작되어 확산된다. 짧은 콘텐츠를 자주 접하는 독자에게 리스티클은 내용이 무겁지 않고, 소셜미디어로 빠르게 접할 수 있었다. 독자가 관심 가질 만한 가벼운 내용을 다루고 있기에, 네이티브 광고 콘텐츠로 쉽게 넣을 수 있다. 관심을 보이는 독자를 타기팅 하므로 노출된 콘텐츠를 클릭하는 비율도 높다. 이처럼 좀 더 많고, 직접적인 반응을 얻을 수 있다.

기사를 읽고 독자가 느끼는 감정 역시 중요하다. 중요한 피드백에 해당하기 때문이다. 그래서 독자들의 반응을 살펴보기 위하여, 감정의 상태를 표현하는 배지를 (lol, win, omg, cute, wtf) 누르게 유도한다. 그 반응들을 카테고리를 나누어 관리한다. 이 배지 또한 많은 사용자들로부터 자주 언급되고, 태깅(Tagging)된 키워드를 바탕으로 콘텐츠를 배열하고, 카테고리를 생성한다. 독자들에게 많이 언급되거나, 반응을 많이 받는 키워드들은 실시간으로 모니터링되어 추가적인 배지를 만들어 낼 수도 있다. 신조어(lol) 버튼으로 시작하여 '이럴 수가 Omg(Oh my god)' 와 같은 의성어들이 실시간으로 추가되어 독자들이 이용하고 있다. 버즈피드(Buzz Feed)는 다양한 콘텐츠를 기획해서 공유하는 데 인기가 많다. 대표적인 것이 음식을 만드는 '테이스티(Tasty)' 영상인데, 실생활에서 누구나 따라 할 수 있는 쉽고도 현실적인 요리법을 간단한 동영상으로 소개해준다. 이 시리즈는 발달해서 가전업체 제너럴일렉트릭(GE)와 콜라보레이션 해 요리기구(Tasty)를 출시하기도 했다. 이처럼 온라인 채널을 통해서 제품을 노출하고, 실제로 판매하는 일도 많아졌다.

국내에서도 데이터 알고리즘을 정교화하려는 시도도 나타나고 있다. 고객과의 대화 패턴을 학습하는 딥러닝 알고리즘으로, 고객이 입력한 내용에서 최적의 답변을 찾아내는 방식이다. 쿠팡의 경우 풀스택기술(Full stack)이라고 하여, 고객의 검색 내역을 데이터로 정리하고 취향에 맞춰 데이터를 클러스터링해 고객이 제품을 검색하고, 구매한 이력을 바탕으로 고객의 취향이나 구매 이력에 맞춰 제품을 추천하고 빠른 배송서비스를 제공하면서 오프라인 매장에 방문해 물건을 구매하는 사람들에게 새로운 서비스를 제공하고 있다. 처음에는 생활에 필요한 제품에서 시작해 의류, 화장품, 건강제품 등 그 영역을 확대해 나가고 있다. 이러한 변화를 직시하고 유통업체들도 빅데이터를 활용한 새로운 서비스들을 제공하고 있다. 대표적인 것이 신세계

백화점의 'S마인드'다. 신세계백화점은 연간 1회 이상 이용한 500만 명의 구매 기록과 성별, 연령, 지역 등 100여 개의 변수를 사용해 개인별 선호 브랜드를 찾아 해당 브랜드의 쇼핑 정보를 앱을 통해 맞춤형 마케팅으로 제공한다. 롯데백화점은 IBM의 '클라우드 인지 컴퓨팅 기술인 왓슨 솔루션'을 도입해 '쇼핑 어드바이저' 서비스를 시작할 예정이다. 엘롯데 웹과 앱에 탑재될 쇼핑어드바이저는 백화점 직원처럼 음성이나 문자로 응대하면서 고객이 선호하는 최적의 상품을 추천한다. 고객의 구매 성향 정보와 새로운 상품, 시장의 유행 등을 고려해 상품을 제안한다. 11번가 챗봇 '바로'는 상담원이 쌓아온 데이터를 머신 러닝하여 고객과의 모바일 채팅을 통해 제품을 추천한다. 노트북 · TV · 냉장고 · 세탁기 · 청소기 등 디지털 · 가전 상품 10개 품목이 대상인데, "○○을 추천해주세요"라고 말하면 고객의 의도를 파악해 제품을 추천하는 방식이다. 다양한 제품과 유통체계를 가지고 있는 기업들은 제품 추천에서 더 나아가 빅데이터를 가지고 날씨 등을 활용해서 마케팅을 할 수 있고, 도시 등을 기획해 생활에 필요한 요소들을 제공할 수도 있다.

빅데이터를 활용한 상품 광고 · 마케팅 _____

"아침부터 일 폭탄 커피 터진다"

    신한카드 디데이(D-day)는 밀레니얼(Millenials)의 고객의 카드 결제패턴을 분석해서, 주로 사용하는 서비스 혜택을 중심으로 광고를 기획해 성공을 거두었다. 밀레니얼 세대가 출근길에 자주 들리는 카페와 편의점 할인과 영화 · 음악 스트리밍 서비스와 모바일 여행라운지, 맥주맛집 할인혜택을 서비스에 담고, 밀레니얼의 공감을 받을 수 있는 '코피(커피)' 터지는 순간, 상품을 강남역 옥외광고부터 디지털 광고로 만날 수 있게 설계되었다.

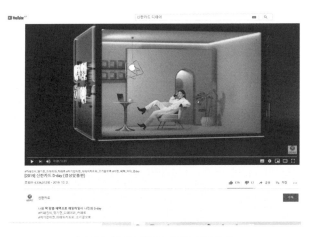

[그림 2-2] 신한카드 디데이 상품 광고

구글의 GDN(Google display Network)을 통해 고객의 성향에 따라 다른 배너 이미지가 보이도록 광고를 집행했다. 즉 사람들의 관심사에 따라서 다르게 배치한 것이다. 예를 들어, 라이프 스타일 중심일 경우에는 광고영상 카피가 눈에 띄도록 하고, 카드상품을 검색하는 경우에는 상품명이 노출되는 배너가 먼저 들어오게끔 설정했다. 구체적인 혜택을 중심으로 검색하는 사용자들에게는 카드 혜택을 강조하는 내용의 배너를 노출했다. 즉 각각의 목적과 관심사에 따라서 광고의 내용과 유형을 배치하여, 성과를 높였다.

소규모의 매체 비용으로 광고를 운영했기 때문에 커피숍이나 고깃집 광고세트와 소품을 제작하지 않고 3D로 합성하여 광고영상을 짧게 여러 숏폼(Short Form) 형태로 제작했다. 아침에는 커피, 저녁에는 '저기압일 때 고기 앞으로' 편을 운영하며 디지털 미디어 지면을 중심으로 최적화 작업을 꾸준히 해 실질적인

■표 2-2■ 신한카드 디데이 GDN 배너 운영사례

반응형 ① 브랜딩소재	일반형 플레이트 강조소재	반응형 ② 카드혜택 소재

카드상품을 발급할 수 있도록 설계하였다. 광고 집행은 미디어를 운영하면서 고객의 반응을 살펴보고, 확보된 고객들의 데이터를 활용하여 중간중간 광고의 성과를 점검하면서 광고의 성과를 개선해나갈 수 있다. 직접 영상이 노출되는 유튜브 채널에서 태그 등 데이터를 분석하고 영상을 본 이후 소셜미디어 이용과 포털사이트에서의 검색 등의 행동을 소개 클릭했는지를 살펴본다. 이를 통해, 어떤 검색 광고를 클릭했으며, 어떠한 후속 행동으로 연결되는지를 복합적으로 분석, 광고 운영에 반영한다. 또한 고객의 관심사, 구매의도, 잠재고객 여부와 같은 고객 관련 정보뿐 아니라 매체가 노출될 지면의 게재 위치, 관련 키워드 등을 머신러닝 기반 알고리즘으로 구글에게 맡긴다. 하지만 실시간 전환 데이터를 주기적으로 점검하고 클릭의 최대화(CPC)를 높이는 건 광고 담당자가 추가적으로 유념해야 할 일이다. 즉 사람이 해야 할 일인 것이다.

■표 2-3■ 빅데이터 시대 광고기획자가 유념해야 할 일

하지 말아야 할 일	해야 할 일
광고가 보여지는 기기와 지면에 대한 고민 없이 획일화된 캠페인 운영	디지털 미디어 지면을 중심으로 한 노출 지면의 최적화 작업
광고 온에어 시점(계절 &시간적) 이슈에 대한 분석이 없는 캠페인 운영	광고 온에어 시점(계절 &시간적) 이슈를 고려한 캠페인 기간별 운영 전략
충분하지 않은 기간에 미디어 최적화를 할 수 없는 운영	충분한 기간 동안 확보한 데이터를 활용한 빅데이터 분석 중심의 운영

빅데이터 시대의 포지셔닝,
데이터를 활용한 마케팅, 일상으로의 침투

"광고를 만들지 마세요, 틱톡을 만드세요"

(Don't Make Ads. Make TikToks.)

요즘 10대들이 주로 이용하는 틱톡 서비스의 광고 문구다. 적극적인 참여로 빠르게 확산된 지코의 '아무노래 챌린지'는 15초 소셜미디어 틱톡(TikTok)을 통해 노래가 전파되었고, 음원 사이트를 강타했다. '아무노래'에 맞춰 사람들이 춤을 추는 영상을 소셜미디어에 공유하면서 관련 영상들이 소셜미디어로 확산되었다. 음악의 저작권자인 지코의 음원은 온라인의 다양한 채널을 통해 다양한 콘텐츠로 사람들에게 알린 셈이다. 즉 과거의 광고가 자신의 목소리만을 가지고 전달하기에 급급했다면, 이제는 사람들이 직접 참여할 때, 진정한 사회적 대세 콘텐츠가 된다. 이어지는 사례들은 콘텐츠가 어떻게 사회적 대세 콘텐츠로 자리매김할 수 있는지에 대한 내용이다.

노멀 크러쉬

고객들은 '노멀 크러시' 광고에 반응한다. 보통에(Normal) 반하다(Crush)의 합성어로 소박하고 평범한 본질에 반한다는 의미다. 고객들을 가르치려는 직접적이고, 교훈적인 광고보다는 자연스럽게 일상 속 소셜미디어 콘텐츠에 반응하고 기업들도 이 채널들을 적극적으로 활용한다. 인스타그램에 가장 많이 태그된 단어도 #일상, #데일리 같은 것들이다. 일상은 인스타그램이나 페이스북으로 공유된다. 유튜브에서 가수 비의 '깡' 밈이 확산되자, '새우깡', '고구마깡', '양파깡' 등을 판매하는 농심은 직접 비를 광고모델로 기용해 광고콘텐츠를 제작[4] 하였고, 롯데칠성음료도 '깨수깡' 온라인 포스팅 이미지에 비를 패러디하여 마케팅하기도 했다.

사람들은 모바일기기를 통해 누구나 아이디어가 떠오르면 카메라로 촬영하고, 동영상까지 손쉽게 제작할 수 있다. 단순히 댓글을 달거나, 좋아요를 누르는 참여뿐 아니라 본인의 일상을 촬영하고, 콘텐츠를 재가공해 올리면서 수익까지 얻는 크리에이터(Creators)가 많아지고 있다. 온라인에서 인기를 끄는 이슈들은 재가공 되어 이미지, 영상 등 다양한 형태로 확산된다. 구독자가 많은 크리에이터들은 인플루언서 채널을 운영하며, 제품을 협찬 받아 블로그·소셜미디어에 올려주고 수익을 얻는 이도 많아졌다.

특별한 카테고리를 가지고 콘텐츠를 주기적으로 올리는 경우도 있지만, 유튜브 등에서 인기를 크는 콘텐츠 중 대부분은 음식을 먹는 '먹방'이나, 고양이나 개 등 펫의 일상, 공부하는 모습을 공유하는 #공스타그램 등 평소 겪는 일상에피소드 콘텐츠를 주기적으로 업로드 하는 일이 많다. 다양한 콘텐츠를 광고에 자연스럽게 담아 많은 광고들 사이에서 광고가 아닌 것처럼 브랜드 콘텐츠를 생산하고, 유명 광고모델을 기용해 광고메시지를 다양한 채널로 확산시키면서, 창의적으로 콘텐츠를 재해석하거나 자신의 의견을 담아 재가공해 확산하는 대중의 영향력이 날로 높아지고 있다. 그 과정에서 일어나는 고객의 데이터를 활용하는 광고가 늘어날 것이다.

'라이크 마이 애딕션(Like my Addiction)' 캠페인은 알콜중독 예방기관(Addict Aide)이 25세의 인스타그램 셀럽의 계정을 (@louise.delage)을 만들었는데 그곳에는. 그녀의 일상이 자연스럽게 담겨있다. 8개월 동안 올라온 150개의 포스팅들은 모두 알콜중독의 위험성을 알리고자 철저하게 기획되어 촬영된 공익광고였다. 그녀와 함께 사진 속에 등장한 친구들과의 모습, 춤추는 모습 등에 무의식적으로 좋아요를 눌렀지만 실제로 존재하는 사람이라고 생각했던 그 모든 것은 허구로 기획된 캠페인이었다.

DIY(Do it YourSelf) 셀프로 하세요!

'세상에 어려운 광고는 없다'

중국의 알리바바 그룹 산하 디지털 마케팅 회사 알리마마 (Alimama.com)는 일반인들이 온라인과 모바일을 통해 거래할 수 있는 툴을 제공해준다. 1년 중 가장 많은 거래가 이루어지는 광군제(双十一) 동안에는 AI가 배너를 직접 제작해서 제품을 판매할 수 있도록 9억 개의 옵션을 제공해주는 이벤트를 진행하기도 했다. 2015년부터 스마트 크리에이티브 시스템(SCS)을 도입해 광고주의 입장에서 맞춤화된 배너를 고객에게 제공하면서 성과를 측정한다. 개인들이 쉽게 온라인 매장을 개설해 제품을 거래할 수 있도록 했다. 2007년부터 450만 개의 브랜드가 알리마마에서 데이터와 마케팅 서비스를 사용했고, 28조의 트래픽을 보유했으며 성사된 매매가 49억 건에 달한다. 헤어 드라이기 다이슨과 스마트폰 회사인 오포와 같은 전자기업 뿐 아니라 화장품, 일상용품뿐 아니라 식료품 등 다양한 제품들이 온라인을 통해 거래된다.

고객들은 온라인을 통해서 상품을 검색하고, 외국어 등으로 해외의 판매자들과 연결되어 필요한 물건들을 구입한다. 온라인으로 많은 정보들을 습득해서 제품을 구입하거나, 누군가에게 비용을 주고 대행했던 일들을 직접 배워서 자신이 시도하고, 또 그 방법을 공유하는 일도 많아졌다. 대표적인 것이 셀프인테리어, 홈스타그램(#Homestargram)이다. 사람들은 인테리어 디자이너에게 일임하여 벽지, 페인트, 소품 등을 인터넷으로 검색해서 사용방법을 습득하고, 배송시간이 걸리기는 하지만 해외 사이트들을 통해 제품을 구입하기도 한다. 뷰티 크리에이터가 화장품 사용법이나 헤어관리 방법 등을 알려주면서 다양한 제품들을 소개해주고, 자격증이 있는 사람들이 주로 하던 네일아트도 인터넷에 있는 정보를 찾아 직접 필요한 재료들을 구매해서 시도해 보는 사람들도 많아졌다. 정보를 얻는 채널은 인터넷 카페나 블로그 등 경로도 다양하다. 광고하고자 하는 개인들도 온라인을 통해 광고하는 방법을 배우고, 번뜩이는 아이디어를 콘텐츠로 만들어 대중의 관심을 끄는 일이 많아졌다. 하고자 하는 사람들에게 새로운 기회의 장이 열린 것이다.

구매 경로에 침투하는 마케팅

빅데이터 시대의 광고는 다양한 사람들이 남긴 관심의 흔적인 데이터들을 잘 조합해 적재적소에 활용한다. 인터넷에 접속해서 검색하는 행동 외에도 사람들이 물건을 사거나, 교통카드를 찍으며 대중교통을 이용하거나, 차를 타고 고속도로를 통과하는 등의 행동도 데이터로 남는다. 이러한 데이터를 바탕으로 고객의 심리나 라이프스타일을 유형화할 수 있다. 그 데이터를 기반으로 프로그래밍 된 인공지능이 매체를 관리하는 것을 가리켜 '프로그래매틱 바잉(Programmatic Buying)'라고 한다. 이러한 광고거래는 사람이 아니라 프로그램에 기반해 광고하는 방식이다. 데이터가 기하급수적으로 늘고 있고, 광고지면도 다양해지면서 사람이 직접 관리하고 점검하기가 어려워지기 때문에, 이러한 프로그래매틱 바잉은 더 성장할 것으로 보인다. 프로그래매틱 광고 생태계에서 광고주는 비용만 내면 수많은 사용자의 행동 데이터 플랫폼인 데이터 관리 플랫폼(Data Management Platform, 이하 DMP)을 통해 고객을 타기팅 할 수 있다.

　인공지능은 24시간 동안 쉬지 않고 움직인다. 실시간으로 고객의 움직임을 파악하고, 적시에 광고를 집행한다. 자동화된 프로그램을 통해 인공지능이 광고를 운영하면, 실시간으로 상황을 파악하고 행동하기 때문에 광고 지면을 사전에 구매할 필요가 없다. 또한, 실시간 데이터 분석을 통해 광고캠페인을 최적화하기 때문에 매체의 효용성을 극대화할 수 있다. 찾는 사람이 많은 지면이나 광고는 비싼 가격에 판매하고, 고객이 잘 찾지 않는 별 의미 없는 광고 지면을 새로운 지면에 연결하거나 가격을 조정할 수 있다. 광고비 결제도 실시간 다양한 채널을 통해 접속하는 고객들이 해당 광고페이지에서 직접 결제하게 하는 등 다수의 매매자가 실시간으로 거래하는 방식으로 움직인다. 여러 광고주가 경매형식으로 RTB(Real-time Bidding) 캠페인을 진행하는 데 있어 원하는 고객을 타기팅 하는데 가장 중요한 것은 데이터이다. 써드파티 데이터, 고객 데이터에 접근하기 위한 DMP 같은 DSP 파트너들과 통합되어 있으면 그 정확도가 높아진다. 퍼스트 파티(1st Party)는 자사가 보유한 데이터로 거래 정보, CRM, 웹과 앱에서 수집된 데이터 등 고객을 식별하는 데이터를 일컫는다. 세컨드 파티(2nd Party) 데이터는 제휴 사이트로부터 습득한 오디언스 데이터이고, 서드 파티(3rd Party) 데이터는 외부 업체로부터 받은 데이터다. 단순 모바일광고 뿐 아니라, TV라디오 같은 광고 데이터를 연계할 수도 있다.

광고가 고객의 일상에 자연스럽게 스며들기 위해서는 고객을 더욱 더 깊게, 정밀하게 이해하는 것이 필요하다. 다양한 데이터도 그 속에서 인사이트를 도출하기 전에는 이해할 수 없는 방대한 데이터에 불과하다. 그래서 빅데이터를 활용하여 광고를 기획할 때에는 앞에서 살펴보았듯 한 명의 개인을 더 정교하게 살펴 직관으로 볼 수 있는 '인사이트'를 얻으려고 하고, '맥락'을 분석해 보아야 한다. 또한, 앞으로 광고를 제작하는 데 있어 데이터 기반의 의사결정역량과 데이터 크리에이티브(Data Creative)는 날이 갈수록 더욱 중요해질 것이다. '번뜩이는 느낌이나 아이디어만으로 광고하는 시대는 끝났다. 이제는 창의적

직관과 함께 데이터를 날카롭게 해석하고, 깊은 분석을 바탕으로 고객을 설득하는 광고전략이 필수인 시대가 되었다.

광고의 미래
넥스트 10년

Chapter **3**

5G와 광고의 미래
스마트 리테일, 스마트 카, 스마트 시티

4차산업혁명 시대의 효율적인 광고 집행과 기회

정혜승

KT경제경영연구소 책임연구원

우리나라는 2019년 세계 최초로 5G를 상용화했다. 5G는 속도, 안정성, 보안 등의 측면에서 기존 네트워크에 비해 우수할 뿐만 아니라, 4차 산업혁명을 이끄는 기본 인프라라는 점에서 주목받고 있다. 증기기관 기반의 기계화가 1차 산업혁명을 이끌고, 전기 에너지 기반의 산업화가 2차 산업혁명을 이끌고, 컴퓨터와 인터넷 기반의 정보화가 3차 산업혁명을 이끌었 듯, 5G가 촉발하는 초연결 기반의 지능화는 4차 산업혁명을 이끄는 원동력인 것이다.

5G는 광고 산업을 어떻게 변화시킬까? 초고속, 초저지연, 초연결성이라는 특징을 갖는 5G가 광고 산업에 미치는 영향, 특히 스마트 리테일, 스마트 카, 스마트 시티라는 공간 개념에서 미래의 광고가 어떤 역할을 하게 될 것인지 살펴보자.

5G, 무엇이 다른가

첫째, 5G는 데이터 전송 속도를 획기적으로 개선한 네트워크다. 5G의 최대 전송속도는 20Gbps로 4G에 비해 20배 빠른 속도를 자랑한다(ITU, 2017). 18GB 콘텐츠를 다운로드 받기 위해 4G 네트워크를 이용했을 때 2분 25초가 소요되는 반면, 5G 네트워크 이용시 단 7초 만에 다운로드를 받을 수 있는 것이다(박강순, 2018). 이와 같은 초고속성은 4K 콘텐츠는 물론, AR/VR과 같은 초고해상/초대용량 콘텐츠를 문제없이 볼 수 있도록 지원한다.

둘째, 5G는 데이터 지연 속도를 개선한 네트워크다. 5G는 4G에 비해 데이터 지연 속도, 즉 데이터 전송 과정에서 끊김이 발생하는 정도가 1/10에 불과하다(ITU, 2017). 이와 같은 5G의 초저지연성은 데이터를 주고받는 시차를 허용하기 어려운 자율주행, 응급의료, 제조 등의 분야에서 새로운 서비스를 창출하는 데 기여할 것으로 보인다.

셋째, 5G는 초연결성을 자랑한다. 5G는 4G보다 단위 면적당 10배 많은 기기 간 연결을 지원한다(ITU, 2017). 4G는 1㎢당 10만 개 기기 간 연결이 가능했으나, 5G는 동일한 단위 면적당

[그림 3-1] 5G 특성

출처: 삼정KPMG경제연구원

100만 개 기기 간 연결을 허용한다. 단위 면적당 연결 가능한 기기의 수가 증가했다는 것은 IoT 서비스가 보다 폭넓게 제공될 수 있음을 의미한다. 5G의 초연결성은 사물과 사물 간 통신, 사물과 사람 간 통신, 그리고 사람과 사람 간 통신이 보다 원활하게 이루어지는데 기여할 것이다.

■표 3-1■ 5G와 4G 성능 비교, 출처 (ITU, 2017)

	4G	5G	4G 대비 5G 성능 비교
최대 전송 속도	1Gbps	20Gbps	20배 증가
전송 지연	10ms	1ms	1/10 감소
최대 기기 연결 수	100,000/1㎢	1,000,000/1㎢	10배 증가

5G를 구현하는 핵심 기술

5G를 구현하는 세 가지 핵심 기술은 향후 미래 지향적 기술에 바탕을 둔 새로운 광고 유형의 등장을 촉진할 것으로 기대된다. 첫 번째 핵심 기술은 대용량 다중 입출력(Massive MIMO: Massive multi input multi output) 기술로 초대용량 데이터를 초고속으로 전송하기 위해 송수신 안테나 수를 증가시키는 기술이다. 4G에서는 통신 기지국당 2~4개 정도의 안테나를 이용했기 때문에 데이터를 주고받는 용량에 한계가 있었다. 그러나 5G는

Chapter 3
5G와 광고의 미래: 스마트 리테일, 스마트 카, 스마트 시티

대용량 다중 입출력 기술을 이용하여 기지국당 수백 개의 안테나 장착이 가능하다. 이를 통해 대용량 데이터 전송 속도를 획기적으로 개선시켰다. 8K, AR · VR, 3D, 홀로그램 등 대용량 콘텐츠 전송이 가능해진 것은 다중 입출력 기술 덕분인 것이다.

두 번째 핵심기술은 네트워크 슬라이싱(network slicing)으로 한 개의 물리적 네트워크를 가상의 여러 개 네트워크로 나누어 네트워크별 특화 서비스를 제공하는 것이다. 예를 들어 5G 네트워크를 3개로 나누어 1번 네트워크는 미디어 콘텐츠 전용,

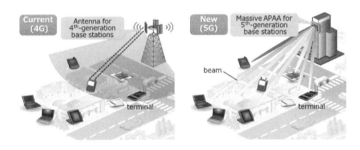

[그림 3-2] Massive MIMO 기술

출처: ni.com

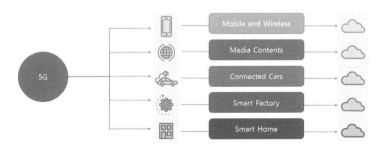

[그림 3-3] 네트워크 슬라이싱

2번 네트워크는 자율주행차량 전용, 3번 네트워크는 스마트 팩토리 전용 등으로 구분하여 사용할 수 있다. 이렇게 네트워크를 서비스별로 나누어 이용하면 보다 많은 데이터 전송량, 보다 빠른 데이터 전송 속도를 필요로 하는 서비스로 네트워크 과부하 없이 안정적인 서비스를 제공받을 수 있다.

마지막 핵심 기술은 모바일 엣지 컴퓨팅(MEC: Mobile Edge Computing) 기술이다. 5G 이전의 네트워크에서는 데이터 처리, 가공, 분석을 위해 데이터가 발생한 곳으로부터 멀리 떨어진 클라우드 서버까지 데이터를 전송한 후 데이터를 받는 작업을 반복해야 했다. 데이터가 발생한 근거리에서 데이터를 처리, 가공, 분석할 수 있는 컴퓨팅 기술이 없었기 때문이다. 5G는 데이터 발생원 근처에서 즉각적인 서비스 제공이 가능하도록 하는 엣지 컴퓨팅 기술을 지원한다. 이를 통해 자율주행 또는 응급의료 서비스와 같은 초저지연성을 요구하는 분야에서의 서비스 구현을 촉진한다.

위와 같은 5G 기술 특성 외 5G 기술이 미래 광고 산업에 직접적으로 영향을 미칠 수 있는 특성은 5G의 위치정확성이다. 오랜 기간 동안 광고업계에서 논의되어 왔던 위치기반 광고가 정교하게 적용될 수 있는 길이 열리는 것이다. 사용자의 위치 정보는 GPS, 이동통신, 근거리 무선 통신 등의 방법을 이용한다. GPS 기반 위치 정보는 위성으로부터 수신한 정보를 바탕으로 사용자의 위치 정보를 제공하는데 고층 건물이 많은 도심이나 실내 측위시에는 오차 범위가 크다는 단점이 있다. 근거리 무선 통신도 근거리 측위에 한해 정확한 위치 정보를 제공받을 수 있다는 한계가 있다. 반면 5G는 10~100cm 정도의 측위 정확도를 보인다. 이는 4G의 측위 정확도가 50m 이내였다는 것과 비교할 때 상당한 수준으로 개선된 것이다(Wymmersch et al., 2017). 이러한 위치정확성은 타깃 광고 집행 시 유용한 기술로 작용할 것이다.

5G의 초고속성, 초저지연성, 초연결성에 기반한 광고의 미래는 어떻게 구현될까? 5G가 스마트 리테일, 스마트카, 스마트 시티와 융합하여 구현되는 광고의 미래는 다음과 같이 펼쳐질 것이다.

5G와 광고의 미래, 스마트 리테일

5G와 리테일의 혁신

가장 빠르게 현실화 될 수 있는 것은 리테일 부문의 변화다. 5G 네트워크의 초연결, 초연결성, 초저지연 특성이 리테일 산업 내 광고 산업 지형을 어떻게 바꿀까? 글로벌 IT 컨설팅펌인 가트너는 리테일 산업의 혁신은 다섯 가지 플랫폼의 혁신이 5G 네트워크와 함께 유기적으로 작동했을 때 실현된다고 이야기 한다(Gartner, 2020). 첫 번째 혁신은 고객 경험 플랫폼의 혁신으로 브랜드 인지, 탐색, 구매 과정에 이르는 여정에서 보다 나은 고객 경험을 제공하는 것이다. 두 번째는 에코 시스템 플랫폼의 혁신으로 리테일 브랜드와 관계를 맺고 있는 원재료 공급자, 유통사업자 등과 같은 파트너들의 고객 경험을 개선하는 것이다. 세 번째는 리테일 브랜드 내부 직원의 경험을 재고하는 것으로 브랜드 운영 계획 수립 및 운영상에서 내부 직원의 만족을 돌아보는 것이다. 네 번째는 IoT 플랫폼의 혁신으로 유형의 제품을 네트워크와 연결하여 보다 편리하게 관리할 수 있도록 하는 것을 일컫는다. 마지막으로 5G 네트워크에 기반한 데이터 및 분석 플랫폼을 통해 고객, 파트너, 내부 직원, 브랜드 및 제품을 아우르는 혁신을 제공하는 것이다.

월그린의 쿨러 스크린 광고

월그린(Walgreens)은 위와 같은 고객, 파트너, 내부 직원, 브랜드 및 제품을 아우르는 혁신을 5G 기반 스마트 냉장 스크린을 통해 구현하고 있다. 미국 전역에 약 9,000여 개의 매장

[그림 3-4] 월그린 쿨러 스크린

출처: Coolerscreens

[그림 3-5] 날씨 기반 쿨러 스크린 광고

출처: Coolerscreens

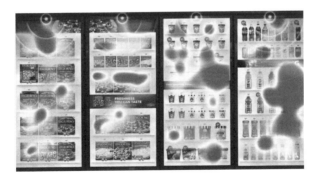

[그림 3-6] 열감지 센서와 비전 인식기술 적용 모습

출처: Coolerscreens

을 운영하고 있는 월그린은 의약품, 식음료, 잡화 등을 취급하는 드럭 스토어다. 월그린은 최근 미국 통신사업자 버라이즌(Verizon)과 제휴하여 5G 기반의 쿨러 스크린(cooler screens)을 시범 운영하기 시작했다. 음료를 보관하는 대형 냉장고 문에 인공지능, 엣지 컴퓨팅, IoT 센서 기술 등을 적용하여 스마트 스크린으로 재탄생 시킨 것이다.

쿨러 스크린 광고

쿨러 스크린은 내부에 탑재된 열감지 센서와 카메라의 비전 인식(vision recognition) 기술을 통해 고객이 냉장고에 다가오면 성별, 나이, 냉장고 앞에 머물고 있는 고객 수 등의 정보를 추론한다. 여기에 냉장고 내 음료 재고현황, 날씨, 프로모션 등의 정보와 결합하여 소비자에게 개인화된 광고 메시지를 전달한다. 가령 오전 6시에 찾아온 고객에게는 아침 식사 대용으로 먹을 수 있는 요거트 프로모션 메시지를 노출하고, 한여름 오후에 땀을 흘리며 방문한 고객에게는 이온음료 프로모션을 노출하는 식이다. 흥미로운 것은 이 모든 과정이 프로그래매틱(programmatic) 방식으로 진행되기 때문에 실시간 재고 현황을 바탕으로 프로모션을 수정하거나, 가격 정책을 실시간으로 바꿔주는 것 등이 가능하다는 것이다. 같은 프로모션 일지라도 고객에 따라 다른 형태의 광고를 노출하여 광고 효과를 높일 수도 있다.

밀러쿠어스의 고민

맥주 제조사인 밀러쿠어스(MillerCoors)는 한 가지 고민이 있었다. 월그린과 같은 드럭 스토어에서도 맥주를 판매한다는 사실을 소비자가 잘 알지 못한다는 것이었다. 월그린과 수십 년째 거래를 이어오고 있었지만 '월그린=드럭스토어'라는 인식 때문에 월그린을 통한 맥주 매출이 신통치 않았다. 월그린은 밀러쿠어스측에 쿨러 스크린 광고를 제안했다. 저녁 및 심야 시간에 간식을 구매하기 위해 찾아온 고객을 타깃으로 쿨러 스크린 광고를 통해 밀러쿠어스 맥주 프로모션을 진행했다. 오후 4시에 방문한 고객에게는 저녁식사를 앞둔 시간임을 감안하여 맥주 6팩 구매시 냉동 피자를 할인된 가격에 함께 제공하는 메시지를 전달하고, 밤 10시에 방문한 여성 고객에게는 저칼로리 맥주 프로모션을 제공한 것이다.

쿨러 스크린 광고 성과와 미래

밀러쿠어스를 비롯하여 코카콜라, 펩시, 네슬레 등이 이와 같은 월그린의 쿨러 스크린 광고를 이용했다. 광고 집행 결과는 어떠할까? 쿨러 스크린을 통한 광고를 집행한 브랜드는 광고를 집행하지 않은 브랜드에 비해 매출액이 적게는 2배에서 많게는 10배까지 높게 나타났다. 쿨러 스크린을 운영중인 월그린 매장 매출도 쿨러 스크린을 운영하지 않은 매장에 비해 평균 1.5~2배 가량 높았다(CoolerScreens, 2020). 구매 시점 광고 효과를 톡톡히 보여준 셈이다. 5G 네트워크가 활성화되면 이러한 구매 시점의 광고는 보다 개인화된 형태로 진행될 것이다. GAID(안드로이드)나 IDFA(iOS)와 같은 모바일 광고 식별자를 통해 리테일 매장을 이용하는 고객이 누구인지, 어떤 맥락(context)에서 리테일 매장을 이용하게 된 것인지 유추할 수 있기 때문이다.

이와 같은 월그린의 시도는 광고 플랫폼이 고객 니즈 충족은 물론, 밀러쿠어스와 같은 브랜드 파트너의 매출 신장에 도움을 준다는 것을 보여준다. 뿐만 아니라 유형의 제품이 IoT를 바탕으로 네트워크와 연결되어 데이터 수집, 저장, 가공, 분석이 가능한 플랫폼 운영을 통해 리테일 산업의 혁신이 이루어지는 과정을 보여주는 대표적인 사례다. 이를 통해 앞서 이야기한 리테일 산업의 혁신이 광고를 매개로 하는 플랫폼을 통해 실현될 수 있음을 전망해 볼 수 있다.

5G와 광고의 미래,
스마트 카

스마트 카 구동원리

스마트 카의 기본 컨셉은 V2X(Vehicle to Everything), 즉 차량과 차량(V2V: Vehicle to Vehicle), 차량과 인프라(V2I: Vehicle to Infrastructure), 차량과 보행자(V2P: Vehicle to Pedestrian), 차량과 네트워크(V2N: Vehicle to Network), 차량과 디바이스(V2D: Vehicle to Device) 사이의 무선 통신을 바탕으로 유용한 데이터를 주고 받는 것이다. V2X는 5G 기반의 이동통신 기술을 표준으로 하는 C-V2X(Cellular-V2X)와 와이파이 기반의 근거리 무선

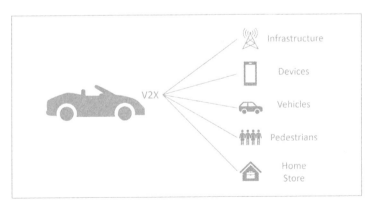

[그림 3-7] V2X(Vehicle to Everything)개념

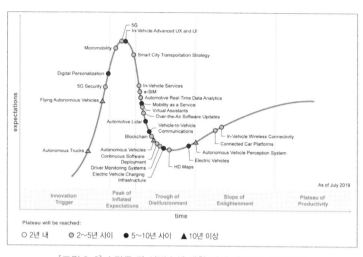

[그림 3-8] 스마트 카 서비스에 대한 기대 및 예상 실현 시점

출처: Gartner

통신(DSRC: Dedicated Short-Range Communication)으로 구성된다. 초기 스마트 카 기술표준은 와이파이 기반의 DSRC가 대세를 이루었으나, 최근 저지연성과 높은 커버리지를 강점으로 내세우고 있는 5G 기반의 C-V2X를 표준으로 도입하려는 논의가 확대되고 있다.

글로벌 IT 컨설팅펌인 가트너는 스마트 카 서비스 가운데 시장의 기대 수준이 가장 높은 것으로 5G 기반 스마트 카 서비스와 In-Vehicle UI(User Interface)/UX(User Experience)를 꼽았다. 이는 5G의 초고속, 초저지연, 초연결 특성이 현실화 되었을 때 우리가 상상하는 스마트 카의 주요 기능이 구현될 것이라는 기대와 함께 차량 내 UI/UX 기술이 구현 되었을 때 주행 중 운전자의 자율성을 바탕으로 V2X가 실현될 것이라는 기대가 반영된 결과다.

차량 내 UI/UX는 제스추어 컨트롤(gesture control) 기술, 음성인식 처리를 위한 자연어 처리(natural language processing) 기술, 증강 현실(augmented reality) 기술, 시선 추적(eye-tracking) 기술 등을 통해 구현될 전망이다. 세계 최대 가전 박람회인 CES 2019에서는 차량 제조사들이 이와 같은 UI/UX 기술을 적용한 차량을 대거 선보였다. 메르세데스 벤츠는 차량 내 음성 인식 플랫폼에 제스처 컨트롤 기능을 추가했다. 네비게이션에 주먹을 쥐었다 펴는 제스추어를 '회사'로 저장해 놓으면 허공에 주먹을 쥐었다 펴는 손동작 만으로 회사로 이동하는 목적지 설정이 가능하다. 중국의 전기차 스타트업인 바이톤(Byton)은 보다 직관적인 제스처 컨트롤 기능을 선보였다. 음악을 들으며 운전을 하다가 소리를 높이거나 낮추고 싶으면 허공에 음량 버튼을 오른쪽 왼쪽으로 돌리는 동작만으로도 음량을 제어할 수 있도록 설계한 것이다.

광고 매체로서 스마트 카

스마트 카는 V2X를 바탕으로 교통량, 교통흐름, 신호체계 등

도로 상황 정보를 주고 받을 수 있다. 주변 보행자, 주유소, 매장 정보 등 이동중인 차량을 둘러싼 정보를 실시간으로 주고 받는 것은 물론이다. 스마트 카가 새로운 광고 매체로서 부각되고 있는 것은 이러한 실시간 데이터 전송 가능성 때문이다. 제너럴모터스(GM)의 온스타트(OnStart)와 같은 플랫폼을 통해 구현했던 1세대 스마트 카는 운전자에게 차량 내부에 저장된 지도를 활용하여 도로 안내를 하고, 차량 상태를 알려주는 서비스 정도를 제공했다. 2세대 스마트 카는 차량 내 대시보드를 스마트폰과 연결하여 실시간 스트리밍 방식으로 운전자의 편의를 도모했다. 앞으로 제공될 3세대 스마트 카는 차량을 둘러싼 디지털 환경을 모두 제어할 수 있게 될 것이다.

현 수준의 스마트 카는 2세대와 3세대 중간 단계에 있다. 스마트 카 내부 제어는 3세대에 근접했으나 차량 외부 환경과의 상호작용은 아직 초보적인 수준이다. 쌍방향 데이터 전송이 가능해지는 3단계 스마트 카 서비스가 이루어지면 차량 내 음성인식 기능을 통해 냉장고, 세탁기 등 가정 내 전자기기를 제어하거나, 레스토랑을 예약하고, 차량 내부에 탑재된 간편결제시스템(In-Car Payment System)을 통해 결제를 진행하는 것이 가능해질 것이다. 그렇다면 스마트 카를 매체로 하는 광고는 어떤 형태로 이루어질까?

스마트 카와 위치기반 광고

"오늘은 평소보다 일찍 준비하셨네요. 지금 시각은 7시 30분, 회사 도착 시각은 8시. 평소보다 10분 일찍 도착할 예정입니다. 맥도널드에 들러서 아침식사를 구입하시겠어요? 8시 이전에 사용 가능한 맥모닝 30% 할인 쿠폰이 들어와 있습니다. 현재 맥도널드 drive-thru에 대기 차량이 없으니 맥도널드를 경유해서 갈 경우 회사에는 8시 7분에 도착할 예정입니다."

스마트 카가 활성화되면 다양한 형태의 위치기반 광고 집행이 가능해진다. 운전자가 차량에 탑승하고 목적지를 이야기하는 순간에서부터 네비게이션이 최적 경로를 탐색함은 물론 주변 매장 정보, 이동 동선 상에 있는 매장의 프로모션 정보도 함께 제공할 수 있기 때문이다. 운전 중 브랜드와 소비자(운전자) 간 상호작용이 가능해지는 길이 열리는 것이다. 2019년 독일 베를린에서 열린 국제 가전 박람회(IFA)에서 BMW는 퀄컴(Qualcomm)과 함께 5G 기반의 스마트 카를 선보였다. BMW가 구상하는 스마트 카는 편리한 일상을 가능하도록 하는 기술을 다수 포함하고 있다. 홈투카(Home-to-Car) 서비스는 세탁기, 에어컨, 오븐 등 가정 내 가전 제품의 원격 제어를 지원한다. 예를 들어 차량이 집근처에 이르면 자동으로 에어컨 전원이 켜지도록 하여 집에 들어갔을 때 쾌적함을 느끼도록 해주는 것이다.

[그림 3-9] 5G 기반 BMW 스마트카 Vision iNext 차량 내부

출처: BMW

또한 차량에서 "스타벅스 아메리카노 톨 사이즈 한 잔, BLT샌
드위치 하나 주문해줘"라고 이야기하면 매장에서는 실시간으
로 차량의 위치를 파악하고 고객 도착시간에 맞춰 주문한 식음
료가 나올 수 있도록 준비한다. 주유가 필요하면 근거리에 있는
주유소 프로모션 정보를 제공하고, 주차가 필요할 경우 인근 주
차장을 검색하고 프로모션 정보를 안내하는 형태로 브랜드와
운전자 간 상호작용이 이루어진다. 이 때 비용 결제는 차량 내
부에 탑재된 간편결제시스템을 통해 처리됨은 물론이다.

스마트 카와 콘텍스트 광고

스마트 카의 등장으로 기대되는 또 다른 광고 유형은 콘텍스
트 광고다. 콘텍스트는 시간과 공간을 포함한 상황을 일컫는 것

으로 개인의 심리적 정서나 분위기와 관련한 상황, 주변 환경과 관련한 상황, 제품이나 서비스와 관련한 상황 등을 포괄하는 개념이다(Kumar & Gupta, 2016). 앞서 운전자의 제스처를 감지하여 운전자가 원하는 명령어를 실행하는 것이 가능하다고 했듯 운전자의 몸짓, 팔동작, 손가락 움직임 등을 통해 운전자의 심리적 정서나 분위기를 차량이 간파할 수 있다는 것은 스마트 카와 기존 차량을 차별화하는 요인이다. 가령 신호 대기시 머리에 손을 갖다 대며 인상을 쓴다든지, 운전대 위에 놓인 손가락 떨림이 감지되는 경우 운전자가 평소와 달리 긴장을 했거나 초조하고 불안한 상태임을 차량이 짐작할 수 있다. 또한 NLP(Natural Language Process) 기반의 음성인식 기술은 운전자 발화시 목소리 높낮이, 음색, 속도 등의 미묘한 뉘앙스를 포착해 운전자가 어떤 콘텍스트에 놓여 있는지 유추한다. 긴장감이 느껴지는 운전자에게는 음원 스트리밍 사업자와 제휴를 통해 심신을 안정시킬 수 있는 음악 재생을 추천하고, 주행 중 따뜻한 차를 마시며 안정을 찾을 수 있도록 근처 스타벅스에 들러 음료 한 잔을 권하는 것이 가능해지는 것이다. 운전자 개인의 콘텍스트를 반영한 광고집행이 기대되는 이유다.

개인의 분위기와 정서라는 콘텍스트 외 운전자와 외부 환경이 상호작용하는 콘텍스트 광고 집행도 가능하다. 날씨, 요일, 교통량 등을 반영한 광고 집행이 그것이다. 금요일에는 레저와

관련한 광고를 차량 내 디스플레이를 통해 집행함으로써 주말
여행 및 레크리에이션 활동과 연계시킬 수 있다. 교통 체증이
심한 날에는 목적지까지 예상 시간을 미리 계산하고, 인근 대형
마트와 제휴를 통해 교통체증으로 도로에 낭비해야 하는 시간
동안 빠르게 쇼핑을 마칠 수 있도록 도와줄 수도 있을 것이다.

자율 주행 차량과 광고

스마트 카는 자율주행 모드에서 집행되는 새로운 형태의 광
고를 촉진하게 될 전망이다. 자율주행 모드는 운전자 또는 시스
템의 개입 정도에 따라 따라 레벨 0에서 레벨 5까지 6단계로 구

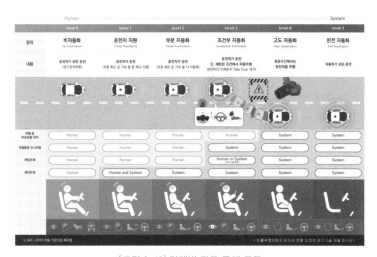

[그림 3-10] 단계별 자율 주행 모드

출처: 국토교통과학기술진흥원

분한다. 현재 우리는 운전자가 차량을 온전히 제어하는 레벨 0 또는 차간 거리 조절 등을 자동으로 운영하는 레벨 1 정도의 주행 방식을 따르고 있다. 레벨 3 자율주행 단계에 이르면 부분적으로 차량이 자율주행을 하는 가운데 필요시 운전자가 개입하게 된다. 마지막 5단계 완전 자율주행 단계에서는 운전자가 목적지를 지정할 뿐 운전대와 페달 제어가 100% 시스템에 의해 이루어진다.

웨이모(Waymo), 포드(Ford), 바이두(Baidu) 등 자율주행 차량 사업자들은 자동차 전면 유리를 AR 스크린 형태로 운영하기 위해 준비하고 있다(Navigant Research, 2020). SF 영화에서나 보았던 것이 현실화되는 것이다. 중국의 바이두는 일찌감치 AR 연구소를 설립하고 자율주행 차량에 탑재할 AR 기술을 구현했다. 자율주행시 차량 곳곳에 위치한 카메라가 도로 표지판을 인지하여 차량 전면의 AR 스크린을 통해 운전자에게 안내하기 위한 기술을 개발한 것이다. 현대자동차도 2019 세계가전전시회(CES)를 통해 유사 기술을 선보였다. 현대자동차가 선보인 기술은 홀로그램 AR 네비게이션이다. 차량 전면 유리를 AR 스크린으로 활용하여 도로 주행 중 길안내, 속도표시, 차선이탈 경고 등의 메시지 제공은 물론 도로변 매장 프로모션 정보, 부동산과 연계한 건물·아파트 매물 정보까지도 제공할 수 있도록 AR 기술을 구현했다. 차량 전면 유리를 AR 스크린으로 활용하게 되

[그림 3-11] 현대자동차 홀로그램 AR 네비게이션 구현 이미지

출처: 현대자동차

면 주행중에도 운전자−브랜드 간 상호작용이 자연스럽게 이루어지는 것을 기대할 수 있다.

지금까지 논의한 스마트 카 기반 광고는 5G의 기본 특성인 초고속, 초저지연, 초연결성이 충족되었을 때 실현 가능하다. 도로 위를 움직이는 차량에서 산출되는 대량의 데이터를 처리하고 주변 환경과 실시간으로 상호작용하기 위해서는 5G 네트워크가 필수이기 때문이다. 스마트 카를 광고 매체로 하는 과정에서는 여러 사업자와의 협력도 필요하다. 브랜드−매체−소비자로 이어지는 광고 집행 프로세스에서 차량 제조사의 역할이 요구되거나, 차량 내부에 탑재되는 소프트웨어 사업자의 역할이 요구될 수도 있기 때문이다. 광고 산업 내 이해관계자 뿐만 아니라 다양한 산업군 내 이해관계자와의 협업 생태계를 구축하는 것이 중요해진 이유다.

5G와 광고의 미래
스마트 시티

5G 네트워크로 연결된 우븐 시티(Woven City)

5G는 수천, 수만 개의 IoT 센서를 바탕으로 도시 내 각 서비스를 구성하는 요소 간 커넥티비티를 지원한다. 도시 내 행정, 교통, 안전, 환경 등과 관련한 요소들이 5G 네트워크를 바탕으로 서로 연결되어 도시 내 사물과 사물 간 상호작용, 사물과 도시 구성원과의 상호작용, 구성원과 구성원과의 상호작용을 촉진하는 것이다(Deloitte, 2020). 2020년 3월 일본의 통신사업자인 NTT도코모(NTT Docomo)는 도요타(Toyota)와 함께 5G 기반의 스마트 시티 건설 계획을 발표했다. 스마트 시티가 들어서는 곳은 2020년 말 폐쇄를 앞두고 있는 후지(Fuji) 공장부지로 면적은 70만 8000m², 도쿄 디즈니랜드의 약 1.5배 규모다(Strabase, 2020). 우븐 시티라고 명명된 본 도시 내에서는 모든 사물이 IoT

[그림 3-12] 우븐 시티 조감도

출처: BIG-Bjarke Ingels Group

로 연결되어 실시간 제어 및 통제가 가능할 전망이다. 우븐 시티라는 도시명은 세 가지 컨셉의 구역이 네트워크로 짜임새 있게 연결된다는 뜻으로 고속 주행 차량을 위한 도로, 저속 주행 차량 및 스쿠터 등 소규모 이동체를 위한 도로, 그리고 공원과 보행자 전용 도로로 이루어진 구역이 유기적으로 연결된 스마트 시티를 지향함을 의미한다.

스마트 시티와 모빌리티 광고

우븐 시티와 같은 스마트 시티에서 광고는 어떤 형태로 이루어질까? 첫 번째로 도시 내 모빌리티(mobility)를 활용한 광고 집행이 가능하다. 도시 내부를 운행하는 택시, 버스와 같은 대중

교통 수단 및 무인 배달 로봇 등을 활용한 광고가 대표적인 사례다. 2020년 2월 우버(Uber)는 차량 지붕 위에 광고용 디스플레이를 설치하여 10초 내외의 이미지 또는 동영상 광고를 노출하는 사업을 시작했다. 주력 사업인 차량 호출 서비스 사업 부진이 지속되자 신규 수익 창출원으로 디지털 광고 사업을 추진한 것이다. 우버 운전자들에게는 차량 지붕에 광고 디스플레이를 설치하는 대가로 월 $300를 제공하고, 광고 디스플레이를 설치한 차량을 주 20시간 이상 운행하면 $100의 추가 수익을 올릴 수 있도록 지원하고 있다. 우버는 우버 운전자의 수익성 개선에도 도움을 주고 있는 셈이다.

우버가 집행하는 광고는 프로그래머틱(programmatic) 방식으로 진행되기 때문에 우버 차량이 지나가는 지역의 맥락(context) 및 위치(location)에 부합하는 광고 집행이 가능하다. 예를 들어 쇼핑몰 밀집 지역을 지나갈 때는 쇼핑몰 내부 매장과의 연계를 통한 광고를 집행할 수 있다. 이때 우버가 보유한 데이터를 바탕으로 특정 지역의 유동인구 수 및 방문 고객군 특성 등에 기반한 광고 집행도 가능하다. 우버가 추진하는 광고 사업은 광고 효과 측정도 실시간으로 이루어진다. 차량 주변의 보행자 수는 물론 보행자의 연령·성별·인종과 같은 인구통계학적 정보를 딥러닝 기반의 컴퓨터 비전(computer vision) 기술로 추출하여 어떤 고객군에게 광고가 노출되었는지 정교한 효과 측정을

[그림 3-13] 우버 광고 디스플레이 사업

출처: ADOMNI

할 수 있다. 이와 같은 모빌리티와 광고의 융합은 우버만이 추진하고 있는 것이 아니다. 우버의 경쟁사인 리프트(Lyft)도 2020년 차량용 광고 디스플레이 스타트업인 할로카(Halo Cars)를 인수하여 모빌리티 기반 광고 시장 진입을 추진하고 있다. 동남아시아권의 차량 호출 서비스 사업자인 그랩(Grab)도 2018년 자체 광고 플랫폼인 그랩애즈(GrabAds)를 통해 차량 내 디스플레이를 활용한 광고 사업을 전개 중이다.

모빌리티와 광고의 융합은 무인 모빌리티에서도 이루어질 것으로 보인다. 미국의 식음료 배달 스타트업인 포스트메이츠(Postmates)는 50개 주 3,500개 도시에서 온디맨드 배달서비스를 제공한다. 우리로 치면 배달의 민족과 같은 사업자다. 이러한 포스트메이츠가 2019년부터 샌프란시스코와 LA를 중심으로 로봇을 활용한 식음료 배달을 시작했다. 고객이 레스토랑에 음식을 주문하면 로봇이 레스토랑으로부터 음식을 찾아 고객

[그림 3-14] 포스트메이츠 배달 로봇

의 집까지 배달해 주는 서비스다. 완충하면 최대 23kg를 싣고 40km까지 갈 수 있는 포스트메이츠의 배달 로봇은 작은 수트 케이스 크기에 불과하지만 로봇의 눈 역할을 하는 카메라와 라이다(LiDAR)[1]를 이용하여 주변 환경을 인지하고 목적지까지 간다. 포스트메이츠는 배달 로봇이라는 컨셉만으로도 상당한 홍보 효과를 거두며 성장을 거듭했고, 최근 우버가 약 3조 원에 인수 의사를 밝혔다.

무인 로봇 기반 배달 서비스는 식음료 배달에 그치지 않는다. 배달 로봇 스타트업인 뉴로(Nuro)는 월마트(Walmart), 크로

---

1) 라이다(LiDAR: Light Detection And Ranging): 빛을 이용하여 주변 원근감과 형태를 인식하는 것으로 자율 주행 이동체가 차량, 사람, 건물, 표지판 등을 식별하는 핵심 기술

거(Kroger) 등 대형 유통점과의 제휴를 통해 식음료·생필품 등 배달 서비스를 시작했다. 뉴로는 미국 약국 체인점인 CVS의 약 배달도 한다. CVS 웹사이트 또는 앱을 통해 약을 주문하면 배달 로봇이 집까지 배달은 물론, 복용 약품이라는 특수성을 고려하여 CVS 멤버십 바코드를 바탕으로 주문자 신원 확인 후 약품을 전달하는 방식으로 서비스를 진행중이다.

포스트메이츠, 뉴로 등과 같은 배달 로봇은 광고 매체 역할도 하게 될 것이다. 배달 로봇과 같은 소규모 이동체는 보행자 근처에서 보행자와 상호작용하는 가운데 위치 기반 광고 메시지를 전달할 수 있다는 점에서 기존 광고 매체와 차별화된다. 특히 소규모 이동체 기반 모빌리티 광고는 5G의 정교한 위치 측정 기술을 사용하여 효과적으로 타기팅된 광고 집행이 가능하기 때문에 새로운 형태의 광고 캠페인의 출현을 기대해볼 수 있다. 뿐만 아니라 도로, 차량, 보행자, 건물 등 주변환경과 상호작용하는 가운데 광고를 집행할 수 있다는 점은 광고 캠페인 기획에서 실행에 이르는 일련의 과정이 지금까지와는 다른 형태로 이루어져야 함을 시사한다.

스마트 시티와 DOOH 광고

스마트 시티에서는 옥외광고가 집행되는 방법과 형식도 기존과는 다르게 진행될 것이다. 옥외 광고판도 IoT로 연결되어 데이터 기반의 프로그래머틱 방식으로 운영되는 것이 일상화될 것이기 때문이다. 대표적인 사례로 미국의 아웃도어 용품 브랜드인 레이(REI)는 안티 블랙 프라이데이 캠페인인 '#OptOutside' 옥외광고를 수 년째 지속해오고 있다. 블랙 프라이데이에 쇼핑만 하며 보내기 보다 야외로 나가 즐기라는 뜻에서 시작된 캠페인인 '#OptOutside'는 2015년에 시작해 2019년까지 5년째 지속됐다. 언뜻 보면 평범해 보이는 이 캠페인이 특별한 이유는 무엇일까? 레이는 옥외광고 집행시 데이터 마케팅 사업자인 LiveRamp가 보유한 익명화된 고객 데이터에 모바일 위치정보를 결합했다. 레이 고객 또는 레이 잠재 고객이 머물만한 장소와 시간을 선별하여 해당 공간 내 위치한 옥외 광고판을 활용한 광고를 집행하기 위해서다. 이처럼 데이터를 바탕으로 광고를 집행한 결과, 해당 광고에 노출된 고객은 그렇지 않은 고객에 비해 레이 매장 방문율이 3.6배 높게 나타난 것은 물론, 잠재 고객의 브랜드 인지도는 14%가 오르고, 구매의도는 7%가 오르는 성과를 달성했다(Sullivan, 2018).

레이의 캠페인이 개인 고객 데이터를 활용한 사례라면, 마스터카드 캠페인은 주변환경 데이터를 활용한 사례다. 2019년 마스터카드는 싱가포르 후불 교통카드 서비스 확대를 위해 탭앤고(Tap & Go) 캠페인을 펼쳤다. 마스터 카드는 싱가포르 최대

번화가인 오차드 로드의 버스 쉘터 광고를 집행하기 위해 위치 기반 마케팅 사업자인 포스터스코프(Posterscope)와 협력하여 버스를 기다리는 사람의 규모와 시간대를 고려한 광고를 집행했다. 퇴근 시간 만원 버스가 정류장으로 들어오면 "빈자리는 간신히 찾았는데, 교통카드 충전이 안 되어 있다니!" 라는 광고 메시지를 통해 후불 교통카드 서비스 이용을 촉진했다. 유동인구가 적을 때에는 "빈 버스가 왔는데, 교통카드도 텅텅 비어있다니!" 라는 메시지를 노출시키는 등 광고 메시지를 실시간으로 변경하며 광고 효과 극대화를 노렸다.

스마트 시티와 디지털 사이니지

스마트 시티에서는 도시 내 광고판 역할을 하는 디지털 사이니지의 기능과 용도도 다양해질 전망이다. 단순 광고용 디스플레이로서만 기능하는 것이 아니라, 전기차 충전소이자 디지털 광고 디스플레이 역할을 하는 디지털 사이니지도 등장하고 있기 때문이다. 볼타 차징(Volta Charging)은 전기차 충전소를 운영하는 사업자로 전기차 소유주에게 무료로 전기차 충전 서비스를 제공한다. 수익은 전기차 충전 기능과 함께 설치된 디지털 사이니지 광고를 통해 얻는다. 볼타 차징은 미국 전역에서 약 1,200여 개의 전기차 충전소를 운영 중이며, level2 충전기(완속

[그림 3-15] 디지털 충전소와 디지털 사이니지

출처: Volta Charging

충전기)를 통해 1시간 충전시 약 32km 주행이 가능한 서비스를 제공하고 있어 전기차 이용자들로부터 큰 호응을 얻고 있다. 이와 같은 전기차 충전소는 주로 대형마트, 쇼핑몰, 영화관 등의 주차장에 설치되고 있어 인근 점포와 연계한 광고를 집행하기 위한 매체로 주목받고 있다. 특히 미국의 경우 2030년까지 전기차 판매량이 전체 차량 판매량의 40%를 상회할 것이라는 전망은 전기차 충전소와 디지털 광고의 융합을 보다 촉진할 것으로 보인다(IEA, 2020).

스마트 시티에서 디지털 사이니지를 포함한 옥외광고 운영은 5G 기반 연결성을 바탕으로 이루어질 것이다. 위치기반 마케팅 사업자인 포스터스코프는 미래 옥외 광고를 전망하며 디지털 옥외 광고는 5G의 초고속 커넥티비티를 바탕으로 광고 네트워크 역할을 하는 동시에, 5G의 저지연성을 바탕으로 AR 기반 광고 집행까지도 가능한 매체로 거듭날 것이라고 예측했다 (Posterscope, 2019). 스마트 시티가 사람, 사물, 차량, 주거환경 등과의 연결성을 전제로 한다는 것을 감안할 때 지금까지 언급한 스마트 시티 내 디지털 옥외광고, 모빌리티 기반 광고는 물론 다양한 접점에서의 광고 집행 가능성도 열리게 될 것이다.

5G와 광고, 무엇을 어떻게 준비해야 하나

개인정보 활용을 위한 데이터 리터러시를 높여야

2020년 8월 데이터 3법(개인정보 보호법, 정보통신망법, 신용정보법) 개정안이 시행되며 데이터 기반 광고를 활성화 할 수 있는 길이 열렸다. 개정 법안 시행으로 기존 법률이 개인정보 범위를 불분명하게 규정하고, 형식적인 사전 동의를 표방하며, 개인정보 활용과 관련한 과다 중복 규제로 데이터 경제 활성화에 걸림돌이 되고 있다는 우려를 해소하게 되었다.

스마트 리테일, 스마트 카, 스마트 시티에서 집행되는 광고는 개인정보를 바탕으로 이루어진다. 이용자의 위치 정보, 이동 경로, 구매 이력, 인터넷 접속 이력 등 타깃 광고 집행을 위해 이용되는 데이터는 민감한 개인정보이기 때문에 개인정보 수집, 저장, 활용을 위해서는 이용자 동의가 필수다. 또한 고도화된 타깃 광고 집행을 위해서는 위치 정보, 구매 이력, 인구통계학적 데이터 간 결합이 필요할 수 있다. 이때 위치정보는 통신사업자가, 구매 이력 정보는 신용카드 사업자가 보유하고 있다면 서로 다른 사업자가 가진 데이터를 결합할 때도 적법한 절차를 따라야 한다. 이는 개인정보 활용을 위해 데이터 리터러시를 높여야 하는 이유다.

글로벌 광고 대행사는 데이터 마케팅 사업자를 인수하며 데이터 리터러시 제고에 나섰다. 퍼블리시스(Publicis)는 엡실론(Epsilon)을, 덴쓰(Dentsu)는 머클(Merkle)을, 인터퍼블릭 그룹(Interpublic Group)은 액시엄(Acxiom)을 인수했다. 왜 데이터 마케팅 사업자일까? 이들은 개인의 인구통계학적인 정보는 물론 소득수준, 신용카드 사용액, 차량·부동산 보유 내역, 보험 가입 내역, 종교·정치 성향 등에 대한 대한 데이터를 보유하고 있다. 고도화된 타깃 광고 집행을 위해 필요한 데이터를 갖고 있는 것이다. 여기에 오래전부터 축적해온 데이터 애널리틱스 역량을 확보하고 있어 데이터와 광고를 융합하기 위한 조건을 대부분 충족하고 있다. 특히 GDPR(General Date Regubition),

CCPA(California Consumer Privacy Act)가 발표되며 제3차(3rd-Party-data) 활용에 제약이 생김에 따라 데이터를 직접 보유하고 광고를 집행하는 것이 보다 유리하게 되자 광고대행사가 데이터 마케팅 사업자를 인수하기에 이른 것이다. 특히 GDPR이 발효되며 제3차 데이터(3rd party data) 활용에 제약이 생김에 따라 데이터를 직접 보유하고 사업을 하는 것이 보다 유리하게 되자 데이터 마케팅 사업자를 인수하기에 이른 것이다. 이와 같은 광고 산업의 데이터 리터러시 제고는 스마트-X 시대 광고를 촉진하는 요인이 될 것이다.

다양한 산업군 이해관계자와의 협력 필요

5G 기반 스마트-X 시대의 광고는 다양한 산업군과의 협력을 요구한다. 스마트 리테일에서의 광고 집행을 위해서는 리테일 사업자는 물론, 상품이나 서비스를 고객의 요구에 맞게 시뮬레이션 해주는 AI 사업자, 가상 피팅룸(vitual fitting room)을 제공하는 AR 사업자 등과의 협력이 필요하게 될 것이다. 스마트 카에서의 광고 집행을 위해서는 차량 제조사 뿐만 아니라 음성·모션 인식 사업자, 네비게이션 사업자 등과의 협력도 필요하게 될 것이다.

이처럼 다양한 산업군 내 이해관계자의 협력이 필요한 것은 스마트-X 시대의 광고가 특정 매체를 통해 집행되는 것이 아니라, 고객이 일상에서 접하는 다양한 터치 포인트를 통해 자연스럽게 녹아들 것이기 때문이다. 앞서 소개한 레이가 데이터 사업자인 라이브캠프와 협력하여 #OptOutside 캠페인을 펼친 사례는 광고 집행에 광고 산업 이해관계자만 관여하는 것이 아님을 보여준다. 마스터카드가 싱가포르에서 후불 교통카드 론칭 캠페인을 펼치며 위치 기반 마케팅 사업자인 포스터스코프와 협력하여 유동인구 수에 기반한 광고를 집행한 사례도 다양한 사업자와의 협력의 기회가 열릴 것임을 시사한다. 광고 산업 내 이해관계자들이 보폭을 넓혀야 할 때인 것이다.

타기팅 역량 고도화 필요

5G 네트워크는 수백, 수천만 개의 IoT 센서를 통한 데이터 생산을 촉진한다. 5G 네트워크를 통해 스마트 리테일, 스마트 카, 스마트 시티가 구현되면 사람, 이동체, 건물 등으로부터 수 많은 데이터가 쏟아져 나올 것이다. 이러한 데이터는 정교화된 타깃 광고 집행을 위한 원천이다.

정교한 타기팅을 위해서는 서로 다른 속성을 가진 데이터 간 결합이 필수다. 인구통계학적 데이터에 도심 내 이동 경로와 같은 행동 데이터, 음성·모션 인식 기술을 통해 추출한 심리 데이터, 도로·이동체·건물로부터 생산된 환경 데이터 등이 결합될 때 정교하게 개인화된 광고 집행이 가능해지기 때문이다. 따라서 광고 산업계는 어떤 데이터 간 조합이 최적의 광고 효과를 도출할 수 있는지 통찰력을 확보하는 것이 필요하다.

5G 네트워크 측위 정확도가 10~100cm에 불과하다는 점은 위치기반 광고를 정교화하여 타깃 광고를 집행하는 데 상당한 도움을 줄 것이다. 특히 위치기반 광고는 스마트 리테일, 스마트 카, 스마트 시티 등 스마트-X 시대를 맞아 광범위한 분야에서 활용될 전망이다. 스마트 리테일 분야에서는 매장 근접 이용자에게 광고 메시지를 전송하는데 활용되고, 스마트 카 분야에서는 이동 경로에 있는 매장의 메시지를 실시간으로 전송하는데 활용될 수 있다.

5G 그리고 스마트-X와 함께 발전할 광고의 미래, 데이터 리터러시를 바탕으로 광고 기법을 고도화하고 여러 산업에 이해관계자들과의 협력으로 광고 업력을 확장하고, 정교한 타기팅으로 광고 효과를 제고하게 될 광고의 미래를 기대해 본다.

광고의 미래 **넥스트 10년** ◯◯ ◯

광고의 미래
넥스트 10년

Chapter **4**

4차 산업혁명과
광고산업의 변화

광고: 마케팅 산업의 변화를 이끈 핵심 기술은 무엇인가?

김상훈

인하대 미디어커뮤니케이션학과 교수

강윤지

인하대 미디어커뮤니케이션학과 박사과정

4차 산업혁명

4차 산업혁명은 인공지능(AI), 사물 인터넷(IoT), 빅데이터 등 첨단 정보통신기술의 발전으로 사회와 경제 전반에 융합돼 혁신적인 변화가 나타나는 차세대 산업혁명을 말한다. 인공지능, 사물 인터넷, 클라우드 컴퓨팅(Cloud Computing), 빅데이터, 모바일 등 지능정보기술이 기존 산업과 서비스에 융합되거나 3D 프린팅, 로봇공학, 생명공학, 나노기술 등 여러 분야의 신기술과 결합되어 모든 제품·서비스를 네트워크로 연결하고 사물을 지능화한다. 이러한 변화는 초연결(hyperconnectivity)과 초지능(superintelligence)을 특징으로 하여 인류문명을 새로운 패러다임으로 전환시키고 있다. 또한 4차 산업혁명 환경에서 광고 산업 역시 전술한 기술들을 통해 빠르게 변화하고 있다.

최근 글로벌 광고·마케팅 산업은 천지개벽이란 말이 과언이 아닐 정도로 급격한 변화가 일어나고 있다. 전 세계 디지털 광고 매출 순위는 막대한 규모의 인수합병을 통해 빅데이터와 기술로 전문성을 중무장한 액센츄어(Accenture), 딜로이트(Deloitte), IBM, PWC 등 기존 광고업계에 존재하지 않았던 컨설팅 회사들이 1위부터 4위까지 차지하며 기성의 광고 자이언트인 WPP, 옴니콤(Omnicom), 퍼블리시스(Publicis) 등을 모두

제친 상황이다. 여기에 국내외 전체 광고 시장에서 디지털 비중이 50%가 넘어감에 따라 전통 매체를 포함한 종합 광고 시장에서도 Top 10 안에 다수의 컨설팅 기업들이 진입하는 결과로 이어졌다. 이제 광고 · 마케팅은 일방적인 메시지를 통해 상품 판매를 했던 기존 방식에서 데이터 기반의 입체적 고객 이해를 바탕으로 개인화된 브랜드 경험을 제공함으로써 고객생애가치를 극대화하려는 기업들의 노력과 연결되고 있는 것이다(아이지에이웍스, 2020.08.05.).

따라서 광고 회사들은 빅데이터 기반의 AI 기술을 활용해 소비자 개개인의 행동(인구통계학적 특성, 검색 기록, 구매 기록 등)을 분석해 적절한 메시지를 제공하며, 원하는 타깃(target)에게 효율적으로 광고를 노출시킬 수 있는 매체 전략에 매진하고 있다. 이러한 기술은 광고 홍수 속에서 '개인화'를 통해 기업의 메시지를 관심 있는 타깃에게만 전달할 수 있다는 장점이 있다(유종숙, 2018). 한편 2020년 현재, 전 세계는 코로나19라는 미증유의 위기로 고통 받고 있다. 재택근무와 온라인 수업이 일상화되고, 언택트 마케팅과 온라인 프로모션도 활발하다. 따라서 4차 산업혁명도 더욱 앞당겨질 것이다. 이에 모바일과 온라인, AI 기반의 디지털 전환이 더욱 가속화될 것이고 빅데이터와 사물인터넷을 이용한 기술들이 응용될 것이다.

빅데이터를 통한 고도화된 타기팅

21세기의 원유라고 불리고 있을 만큼 데이터는 현재 4차 산업혁명에서 가장 중요한 핵심 역할을 하고 있다. 데이터 전쟁이라는 말이 실감될 정도로 빅데이터는 우리 사회에서 큰 영향력을 미치고 있으며, 많은 기업들은 그동안 수집한 데이터를 바탕으로 소비자들의 관심을 얻기 위한 전략 수립에 집중하고 있다. 대표적으로 소비자들의 구매 관련 데이터 수집과 분석을 통해 소비자의 관심과 흥미를 끌기 위한 상품 추천 서비스를 제공하며, 많은 이익을 창출하고 세계적인 기업으로 성장한 아마존(Amazon)을 그 예로 들 수 있다. 아마존은 소비자가 물건을 구매한 내역을 모두 데이터베이스화하고 이를 바탕으로 한 빅데이터를 활용하여 이용자들의 소비 패턴을 분석하고 상품을 추천한다(김가을 외, 2019). 예컨대 특정 물품을 소비자가 구매할 경우 소비자의 소비성향 데이터 분석을 통해 연관되는 제품을 추천하여 추가적인 구매를 유도하는 방식이다. 구매 상품과 유관한 카테고리의 상품을 추천하는 기능인 협업 필터링(Collaborative Filtering)을 추가함으로써 매출 증대를 일으키고 있는데, 이는 전체 아마존 매출의 30%에 해당한다. 특히 아마존의 '고객에 대해 더 많이 알면 알수록 고객이 사고 싶어 하는 것을 예측 할 수 있는 가능성은 높아진다'라는 발언은 소비자에게 빅데이터 사용을 광범위하게 알렸다고 할 수 있다.

따라서 미래의 광고 산업에서 빅데이터에 기반한 AI 기술이 더욱 활성화될 것으로 전망된다. 기업은 실시간으로 수집한 데이터를 통해 소비자와 시장 성향을 분석해 전략을 수립하고 성과를 측정해 각각의 소비자에게 적합한 메시지를 노출할 뿐만 아니라 소비자의 취향에 적합한 제품과 서비스를 제안하는데(조용석, 2017), 이것은 실제 구매효과로 이어지고 있다. 미디어 커머스(Media Commerce) 분야의 성장은 데이터 기반 마케팅을 근간으로 한다. 미국과 한국의 광고 회사들도 스타트업 기업과 제휴해 상품기획부터 판매까지 전 과정에 참여해 새로운 수익을 창출하고 있다. 즉, 앞으로는 미디어, 광고, 판매가 새로운 틀에서 연결되는 시대가 도래할 것이며, 이를 선점하는 회사가 향후 발전 가능성이 높음을 의미한다(양윤직, 2020).

이와 더불어 소비자들이 디지털 미디어 네트워크를 통해 미디어 및 사회와 항상 연결되어 있는 생활을 함에 따라 광고의 모습 또한 변화하고 있다. 즉, 사람·사물·데이터 간의 모든 것들이 유기적으로 결합하는 4차 산업혁명의 특징은 광고 산업에서도 온·오프라인의 연결성이란 특성을 활용한 광고가 등장하는 데 기여했다(김은서·박재완, 2020). 이들은 구체적으로 고객과 지속적인 관계를 맺고, 다양한 미디어를 넘나드는 형태를 통해 관계와 연결 중심의 메시지를 강조하고 있다. 따라서 4차 산업혁명시대에는 빅데이터 중심의 광고가 활용되어 소비자들에게 통합적이고 확대된 솔루션을 제공할 것으로 예측할 수 있으며 광고 산업에서 빅데이터 활용 유형을 살펴보면 다음과 같다.

첫째, 적절한 콘텐츠를 적시에 적합한 소비자에게 제공하기 위해 데이터를 활용할 수 있는데, 주문형·스트리밍 미디어(streaming media)·유료·구독 등 다양한 형식의 채널들에 대한 소비자의 선택을 수집, 분석 및 해석하여 소비자의 관심을 얻을 수 있는 콘텐츠를 제공하는 것이다. 둘째, 타깃 광고를 더욱 정교하게 수행할 수 있다. 빅데이터를 통해 미디어 소비를 이해할 수 있기 때문에 복잡해진 콘텐츠 소비 행위 속에서 기업들이 광고 시청 시기 및 특정 시간과 같은 마이크로(micro) 세분화를 통한 광고 제공이 가능해지는 것이다. 셋째, 고객 확보 및 유지에 이점을 확대할 수 있다. 예컨대 좋아요·싫어요, 구독·탈퇴로 대표되는 소비자들의 선호와 불호를 이해할 수 있으며, 기업이 소비자들에게 매력적인 제품 전략을 수립하여 소비자를 유치하고 유지하는 데 도움을 줄 수 있는 것이다. 넷째, 신제품 개발 및 콘텐츠 수익 창출을 가능하게 한다. 정확한 데이터를 통해 소비자 행동에 대해 파악하고 잠재 시장 및 상품에 대한 실제 시장 가치를 식별할 수 있기 때문이다(Advendio, 2019). 궁극적인 빅데이터 활용의 주요 이점은 기업과 소비자

사이의 관계를 견고히 하는 광고 최적화가 가능하다는 점에 있다. 다시 말해, 즉각적인 판매 성공을 위한 개별 고객 접촉 빈도를 향상시키는 것으로서 비용이 감소되며, 광고 관련성이 높아져 소비자와의 커뮤니케이션 정확성을 향상시킬 수 있는 것이다(Grether, 2016).

■ 표 4-1 ■ 빅데이터 활용 사례

빅데이터 활용 유형	사례
소비자 예측	넷플릭스는 빅데이터를 통해 개인화된 콘텐츠 큐레이션(curation) 서비스를 시행하고 있는데, 이용자의 관심사·시청기록 등을 결합해 개인 최적화된 맞춤형 콘텐츠를 제시함
향상된 타깃 광고	LG전자 씽큐(ThinQ)는 날짜와 기온, 날씨 및 사용자의 관심사와 취향을 감지해 콘텐츠와 여행지 등을 추천하는 에피소드형 광고를 유튜브를 통해 송출
소비자 확보 및 유지	패션 브랜드 '자라(ZARA)'는 피팅룸에 남아 있는 제품 및 실제 판매되는 제품의 태그를 활용하는 동시에 셀프 체크아웃 시스템을 도입해 빅데이터를 구축하고 고객 선호도를 파악하여 고객에게 비대면 쇼핑의 편의성을 높여줌
제품 개발	CJ제일제당은 빅데이터 분석을 통해 집밥 메뉴 트렌드를 발굴하며 소비자 관심 메뉴들을 마케팅에 활용하는데, 알래스카 연어캔의 경우 연어 요리에 대한 검색량 증가 현상을 빅데이터 분석을 통해 파악하여 출시함. 해태제과 허니버터칩의 경우 감자칩의 주요 구매층이 단맛과 버터향을 좋아한다는 빅데이터 분석을 기반으로 제품 개발

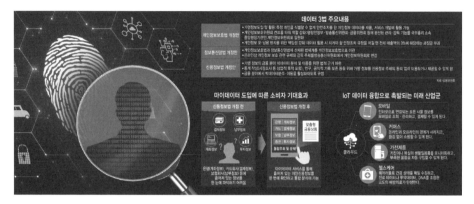

[그림 4-1] 초개인화 데이터 유통 시대 개막.... 데이터 3법 발효

출처: 전자신문

특히 국내의 경우 4차 산업혁명에 맞추어 개정된 데이터 3법
(개인정보 보호법 · 정보통신망법 · 신용정보법)은 개인정보보호에
대한 중복 규제를 없애 개인과 기업의 정보 활용 폭이 넓어지는
데 기여했다. 이를 통해 다양한 산업에서 빅데이터를 활용해 초
개인화된 광고를 제공하며 광고 효율성을 높일 수 있을 것이다.
페이코(PAYCO)에서는 고객 결제 내역을 참고해 개개인 맞춤형
의 할인 쿠폰을 제공하고 있는 현재의 데이터 활용 형태를 더욱
확대할 것으로 보이며, 이는 20대 · 여성 · 서울 거주 등의 데이
터 형태가 아닌 김 아무개 · 이 아무개의 개별 정보 중심의 광고
형태가 증가할 것을 의미한다(김지완, 2020.01.20.).

인공지능에 의한 스마트한 광고

인공지능(AI, Artificial Intelligence)은 기존 산업의 관행을 혁명적으로 바꾸어 4차 산업혁명의 핵심 역할을 할 것으로 보인다(정준화, 2018). 일례로 2016년 세계경제포럼(WEF) 연례회의에서 4차 산업혁명의 혁신으로 인공지능을 꼽았다. 인공지능은 1956년 존 매카시(John McCathy)가 다트머스 대학에서 개최한 컨퍼런스에서 처음 사용하였는데, 인공적으로 만들어진 지능으로 사람이 생각하고 판단하는 것을 기계를 통해 구현하는 것을 의미한다(양정연, 김학래, 2017). 현재 인공지능은 다양한 분야의 시스템과 플랫폼 등에서 지능형 시스템의 필수 기반 기술로 활용되고 있다.

구체적으로 인공지능은 강한 인공지능(Strong AI)과 약한 인공지능(Weak AI)으로 구분할 수 있다. 강한 인공지능은 인간의 뇌를 시뮬레이션하는 것을 목적으로 하며, 약한 인공지능은 사람이 인공지능에 데이터를 주입해 학습시킨다(김용주, 2016). 약한 인공지능은 자유로운 사고가 불가능하며, 강한 인공지능과 달리 학습을 통해 지능이 개발된다. 약한 인공지능의 대표적인 예로는, 국내에서도 이세돌과의 대결로 잘 알려진 바둑 인공지능 알파고(AlphaGo)와 퀴즈 및 의료 분야 등에 사용되는 왓

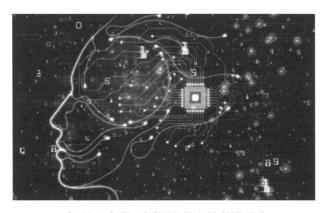

[그림 4-2] 4차 산업혁명의 핵심기술 '인공지능'
출처: http://www.seattlekcr.com/(X(1))/Article/view.aspx?p=1&q=&page=1&aid=14266

슨(Watson)이 있다. 자유로운 사고가 가능하며 자아를 가진 강한 인공지능은 개발 진행 단계에 있는 것으로 보인다. 최근 4세대 인공지능 기술은 딥러닝(Deep-learning)이 핵심인데, 이는 뇌의 신경망 구조를 모방한 인공신경망(ANN, Artigifacl Neural Network)이 활용된 기술이다(차영란, 2018).

인공지능이 주목받는 이유는 양과 질 모든 면에서 엄청난 수준의 생산력을 보이며 사회 거의 모든 분야에 전면적으로 적용되고 있거나 적용될 잠재력을 갖추고 있다는 점 때문이다. 따라서 인공지능은 '4차 산업혁명'을 가능하게 하는 핵심기술로 평가받는다. 특히 인공지능 기술은 극단적이고 긴 시간의 투입이 필요하며 복잡한 실제 사람들의 작업을 자동화하여 수월하게 처리하는 데 일조한다. 현재까지 개발된 그 어떤 기술 보다 차별적인 수준에서 정신적 생산수단들을 대체하고 있으며 로봇기술과 결합하여 가공할 수준의 물질적 생산능력을 보이고 있다. 이에 각 산업 분야에서는 4차 산업혁명의 핵심기술로 대두되는 인공지능을 적극적으로 도입하고 있는 것이다. 또한 가상현실·증강현실·사물인터넷(IoT, Internet of Things) 등을 수용하며 진화해 온 광고 산업에서도 인공지능 기술은 적극적으로 활용되고 있다.

AI 기술의 변화가 마케팅에 어떤 변화를 가져오는가를 살펴보고자 AI 기술의 변화와 사례를 조사하였다(이진희, 2019). AI 기술은 소비패턴과 인식, 소비문화까지 바꾸게 하는 등 우리 생활 변화에 밀접한 영향을 끼치고 있다. 특히 빅데이터 활용과 머신러닝, 딥러닝 등을 통해 단순 응대 서비스에서 벗어나 그동안 인간의 영역으로 인식되었던 직접 응대 서비스와 추론·추측·창의력을 필요로 하는 전략 결정, 광고 마케팅 등 소비자 개개인의 맞춤 설계 및 서비스가 가능한 현실을 만들고 있다. 현재 전 세계 인구의 절반 이상이 인터넷을 이용하고 인터넷 유저 중 95%는 모바일을 매일 사용한다. 이에 미국의 기업들은 모바일 광고에 공격적인 전략을 펼치고 있으며 AI 기술과 함께 소비와 커뮤니케이션 방식의 변화는 채널과 콘텐츠에 변화를 줄 것이다. AI 기술은 더 많은 양의 데이터와 보다 빠른 처리 능력, 그리고 더 강력한 알고리즘이 결합되어 더욱 널리 보급되고 있는데 실제로 AI 기술이 거의 모든 산업에 도입되기 시작하면서 컴퓨터가 전례 없는 방법으로 말하고, 보고 듣고, 의사 결정을 내릴 수 있게 되었고, 이를 통해 광범위의 잠재적 비즈니스 기회를 확대시키고 있다.

AI는 4차 산업혁명을 이루는 핵심기술로 초연결성·초지능성·예측 가능성의 특징으로 대표되며, AI의 발전으로 인해 인간이 해오던 수많은 업무를 컴퓨터 알고리즘(algorithm)이 대체하고 있다. 이는 광고 분야에서도 마찬가지이다. 광고를 한다는 것은 일종의 추천 엔진을 가동하는 것인데 딥러닝은 추천에 탁월한 능력을 가지고 있다. 프로그래밍 된 광고를 타기팅 할 때 기계학습은 사용자의 클릭률을 높이며 리타기팅(retargeting) 시 최적의 제품 조합과 광고 카피를 선택할 수 있게 하는 것이

인공지능(AI)이 변화시키는 미래 사회 예상도

2020년	• 영상 진단으로 인간의 질병을 발견 • 소설·시작·곡 등 창작활동 • 기계 이상을 스스로 감지해 수리·교체 시기를 판별
2025년	• 무인자율 주행자동차 본격 사용화·보급
2030년	• 자연스러운 번역 기술 완성 • 인간을 교육

[그림 4-3] 인공지능이 쓴 베스트셀러 나오겠네

출처: 매일경제

다. 2016년 칸느 광고제에서 그랑프리를 수상한 광고들 중 알파고가 한국의 바둑기사 이세돌을 이겼다는 구글(Google)의 광고는 광고계에 커다란 파장을 가져왔다. 한국을 비롯한 전 세계에 엄청난 충격을 준 알파고는 바둑을 위한 AI 프로그램으로 영국 런던의 구글 딥마인드(Google DeepMind)에서 개발하였는데, 2016년 3월 한국 이세돌 9단과의 5차례 대국에서 4:1로 승리하며 AI의 새로운 단계를 열었다는 평가를 받았다.

또한 빅데이터에 기반한 인공지능 기술은 가상개인비서(VPA, Virtual Personal Assistant)에서도 활용되고 있다. 가상개인비서는 사용자가 원하는 정보를 제공하고, 사용자의 개인 업무를 보조해주는 기능을 수행하는 소프트웨어 서비스로(윤수진, 2016), 음성인식 기술이 활용된다. 음성인식 기술은 사람의 말을 인식해 텍스트로 변환하거나 특정 명령을 수행하는 솔루션으로 마우스·키보드·터치 등 물리적 인터페이스 대신 사람의 음성만으로 기기 및 정보 서비스 이용이 가능한 것이 특징인데(이윤정·김승인, 2017), 마이크로소프트의 빌게이츠는 2008년 CES(세계가전전시회, Consumer Electronics Show)의 기조연설에서 조만간 음성과 터치에 반응하는 자연스러운 사용자 인터페이스 시대가 열릴 것으로 예측한 바 있다. 일례로, 2011년 애플(Apple) 시리(Siri)가 스마트 폰에서 인간과의 소통을 음성대화로 시작한 것으로부터 그 가능성을 보였고, 많은 국내외 글로벌 업체들에서 경쟁적으로 유사한 가상개인비서 서비스를 출시하고 있다(권오욱 외, 2017). 특히 애플의 시리(Siri)와 같은 소프트웨어 또는 애플리케이션 형태의 가상개인비서 뿐 아니라 아마존 에코(Echo), 구글 홈(Home), 애플 홈팟(Homepod) 등 스피커 형태의 가상개인비서 기기들이 시장 주도권 확보를 위해 각축을 벌이고 있으며, SK텔레콤, KT, 네이버 등 국내 기업들도 후발 주자로 시장에 뛰어들고 있다(양희태·김단비, 2017).

최근 구글은 이러한 가상개인비서를 광고사업에 활용하기 시작했는데, 스피커에 음성명령을 내려 쇼핑할 수 있는 기능을 추가한 것이다. 가상개인비서에 누적되는 소비자들의 개인정보는 일종의 데이터베이스로 쌓인다는 점에서 구글은 향후 광고시장에서 유리한 입지에 있다고 볼 수 있다. AI 고도화를 통해 점차 발전하고 있는 챗봇(chatbot)은 소비자에게 가치 있는 정보를 제공해주며 직접적인 상호작용을 할 수 있기 때문에 소비자와의 친밀한 관계를 형성할 수 있으며, 이는 광고에도 도움이 된다(박현길, 2017). 따라서 챗봇이 제공하는 정보 중에는 광고주로부터 대가를 받고 상품을 추천하는 광고가 존재하며, 미래에는 챗봇이 추천하는 제품에 자사 제품이 포함될 수 있게 노력할 필요가 있다. 챗봇은 사람의 대화방식을 차용해 고객관리, 커머스, 커뮤니케이션 등 다양한 영역에서 접목될 것으로 예상되며, 빠르고 간편한 대화 프로세스를 통해 향후 소비자에게 조언을 제공할 것이다(변성혁·조창환, 2020). 예를 들면 언더아머 (Under Armour)사는 스포츠 의류업체로서 고객에 대한 데이터와 피트니스 연구 결과 등을 IBM 왓슨을 이용해 고객에게 트레이닝과 라이프 사이클에 대한 개인화된 조언을 제공했다. 소셜 세만틱스(Social semantics)는 딥러닝을 이용한 소셜 네트워크 분석을 통해 정서 분석을 한 것을 기초로 제품을 추천한다. 예측 가능한 고객 서비스의 사례로서 인텔(Intel)의 자회사인 샤론 (Saffron)은 AI 기술을 이용해 고객이 원하는 것을 추측한다. AI 기반의 마케팅 서비스 업체인 에질원(AgilOne)사는 고객의 행동에 대한 지속적인 기계학습을 통해서 고객을 세분화하고 각 고객 그룹에 최적화된 이메일을 발송해 웹사이트 대화를 나눈다.

에뎁티브 인텔리전스(AdDaptive Intelligence)사는 광고 자동화와 AI 기반의 기술을 결합했다. 이 기업의 기술은 빅데이터를 이용한 통계 추정기법과 특정 사람의 지식과 전문성을 결합한 신경망 기술의 한 분야로서 AI가 갖지 못하는 인간의 지식과 전문성을 활용한다는 특징을 가진다. 또한 실시간 데이터를 해석해서 자동으로 프로그래매틱 광고(programmatic advertising : 프로그램이 이용자가 필요로 할 것 같은 광고를 띄워주는 광고 기법)를 함으로써 광고 자동화의 가치를 극대화시킨다. 모바일 검색이 컴퓨터 검색을 추월함에 따라 검색을 통한 수입 창출이 줄어들기 때문에 검색 결과의 정확성은 더욱 중요해졌으며, 이에 따라

AI의 역할 역시 주목 받고 있다. 예컨대, 구글은 검색어의 15%를 인지 못하는데 이 문제를 해결하기 위해 AI 기반의 랭크 브레인(Rank Brain)을 개발해서 사용하고 있으며, 랭크 브레인은 머신러닝을 통해 더욱 정확한 검색 결과를 제공해 마케팅에 긍정적인 효과를 준다. 한편 AI로 인해 물리적인 세상과 가상 세상의 경계가 모호해지고 있는 '사이버 물리' 세상이 되고 있다. 예를 들어 '아마존 고'의 식료품 매장에서는 스마트 폰 앱을 설치한 후 출입구에서 QR코드를 찍고 입장해 필요한 상품을 갖고 나오면 구매가 완료되는 것과 같은 것이다.

언택트(untact)를 통한 초연결

플랫폼과 디지털 기술의 발전이 가져온 광고 환경은 기업과 소비자 사이의 상호작용을 원활하고 풍요롭게 만드는 데 기여하였다. 이에 따라 소비자들에게 어떻게 하면 의미 있는 콘텐츠를 경험하게 할 수 있는지를 고민하는 것이 더욱 중요해졌다(조용석, 2017). 4차 산업혁명의 복잡하고 고도화된 기술들은 연결성을 강조한다는 특성을 갖고 있지만, 플랫폼으로 연결되어 막대한 정보를 공유하는 소비자들은 타인과의 연결을 피로하게 생각하고 있으며 이는 언택트 마케팅을 촉진하고 있다(김난도 외, 2018). 언택트는 부정어인 언(un)이 접촉을 의미하는 콘택트(Contact)와 합성하여 사람간의 접촉을 최소화하는 비대면 형태의 마케팅 기법을 의미하며, 인공지능·VR·사물인터넷 등으로 대표되는 4차 산업혁명의 기술들의 발달과 함께 더욱 주목받고 있다.

특히 전 세계적으로 영향을 미친 코로나19 바이러스로 광고 산업 전반은 재구축될 것으로 예측된다. 소비자들은 개인의 안전을 보장할 수 있는 최선의 소비 방법을 고려하게 될 것이기 때문이다. 언택트 방식을 통한 광고 산업은 대면 접촉을 피하고자 하는 정서적 불편함을 해소하는 목적으로 시작되었지만 건강 이슈와 맞물려 더욱 주목받는 영역이 될 것이다. 현재 상품에 대한 결제 및 추천 수준으로 이루어지고 있는 형태에서 앞으로는 소비자들의 다양한 니즈를 해결하는 방안이 인공지능, 사물인터넷, 빅데이터 기술 등의 접목을 통해 고도화될 것으로 전망된다(박현길, 2019). 즉, 간편함은 추구하고 불필요한 대면은 최대한 피하려는 세대적인 특징과 동시에 세계적인 전염병 이슈와의 결합으로 직접 대면할 필요가 없는 경험이 중요해진 것이다.

따라서 비대면 형태의 간접적 경험을 소비자들에게 얼마나 효과적인 광고로 전달할 수 있는지에 대한 방법들을 고민해야 한다. 기존에는 인건비 절약 등 비용절감 차원에서 이루어진 방

언택트 활용 분야	사례
커머스	KT의 홈쇼핑 VR 피팅 서비스를 통해 홈쇼핑에서 실시간 방송중인 의류 상품을 리모컨 조작만으로 가상으로 피팅할 수 있는 서비스 제공
딜리버리	요기요, 배달의 민족으로 대표되는 배달 제휴 서비스 및 차에서 주문 가능한 드라이브 스루 서비스를 통한 비대면 주문
의료	병원 예약 접수 서비스 모바일 앱 '똑딱'은 병원 예약 및 접수를 모바일로 대신하여 불필요한 대면 상황을 감소시킴
숙박	메리어트 호텔은 2030 대상으로 브랜드를 홍보하기 위해 룸 안에서의 룸서비스, 호텔 주변의 관광지를 360도 각도에서 가상 체험할 수 있는 서비스를 제공함

식이었다면 언택트 개념을 제품 개발 및 광고에도 적용하는 것이다. 이러한 언택트 방식은 현재 다양한 업계에서 효과를 보이고 있다. NH투자증권은 시간과 공간의 제약이 적어 고객과의 즉각적인 커뮤니케이션이 가능한 웹 세미나의 장점을 활용하여 대면 영업활동의 한계를 극복하며 금융 상품을 판매하였다(뉴데일리경제, 2020.06.10.). 하나카드는 플라스틱 카드가 아닌 비대면 기반의 모바일 전용 카드인 '모두의 쇼핑'을 출시하였는데, 주요 온라인 쇼핑몰이나 요식업, 넷플릭스 등 언택트 기반 서비스 업종에 대해 50%를 적립해주는 서비스를 통해 언택트 상품을 제공하고 있다(ETNEWS, 2020.06.02.). 도미노피자는 기존의 배달 관행을 바꾸며, 스마트워치, 자동차, AI스피커 등의 IT와 결합한 36개의 플랫폼에서 주문 가능하도록 다양화하였고

이를 통해 매출액을 증가시킬 수 있었다(이데일리, 2020.06.08.). 이와 같은 사례들은 언택트를 기반으로 하는 딥택트(Deeptact)가 핵심이 되었기 때문에 효과적인 결과를 얻을 수 있었다. 다시 말해 언택트 중심의 광고는 비대면을 의미하는 표면적 개념에 단순히 집중하는 것이 아닌 4차 산업혁명의 기술들을 바탕으로 소비자들과 더욱 친밀하고 깊숙하게 상호작용하는 방식으로 나아가야 함을 의미한다. 소비자들은 더 이상 불특정 다수의 한 사람이 아닌 개인으로서 자신과 소통하며 이해하는 기업에 관심을 갖고 호의적인 반응을 보이기 때문이다(유종숙, 2018).

비대면 상황에서 소비자들에게 상품 혹은 서비스에 대한 체험이 가능하도록 고안하는 것은 소비자들의 높은 감정적 몰입을 이끌어낼 수 있기 때문에 결과적으로 기업과 소비자 사이의 신뢰와 관계 강화와도 연결된다. 이에 기업과 소비자 사이의 딥택트 관계를 위해서는 소비자를 상품 및 서비스 생산 과정에 참여시키는 초연결이 더욱 견고해질 것으로 예상된다. 디지털 기기를 통한 생활양식이 익숙한 소비자들은 본인이 가치 있다고 생각하는 콘텐츠에 적극 참여하기 때문이다. 특히나 스마트 폰이라는 디바이스를 기반으로 소비자의 정보를 공유하고 기록하며 재생산하는 일련의 과정에서 편의성이 확장되었으며, 이를 통해 소비자와 직·간접적인 관계 형성 및 시의 적절한 광고 전달이 더욱 용이해졌다(연대성, 2017). 이와 같은 맥락에서 롯데

백화점, 티몬 등의 커머스 업계가 실시간 방송을 통해 판매되는 상품에 대해 소비자와 실시간으로 커뮤니케이션하고 판매자와 구매자 사이의 신뢰와 친밀감을 형성하며, 새로운 판로를 개발하는 것이 그 예가 될 수 있다.

스토리텔링의 중요성 증대

현대인의 소외감과 고립감을 가중할 수 있는 4차 산업혁명이라는 새로운 시대가 가져오는 기술은 본질적으로 인간의 커뮤니케이션 방식을 새롭게 정립하는데, 이 과정에서 스토리텔링의 역할은 더욱 중요해진다(전병원, 2018). 더불어 4차 산업혁명의 기술들은 숨겨진 소비자의 니즈를 탐색하여 이들에게 적합한 콘텐츠를 생산하고, 소비자들이 원하는 방식으로 콘텐츠를 소비하게 하거나 생산에 참여하도록 한다(이해광, 2018). 따라서 광고를 포함한 정보 과잉 시대에 살고 있는 소비자들에게 이제 제품의 기능만을 강조하여 판매하던 시대는 지나갔으며, 소비자들을 즐겁게 해주며, 감동시키고 행복하게 해주는 제품과 서비스에 대한 힘 있는 이야기가 필요해졌다(조용석, 2017).

이에 4차 산업혁명시대의 광고 메시지는 복잡한 기술을 토대로 전달된다 하더라도 짧은 시간에 강렬하고 기억에 남을 만한 핵심 메시지를 전달해야하며, 제품 혹은 서비스에 대해 소통하기 위한 친절한 광고 메시지가 중요해졌다(김찬석·이현선, 2019). 따라서 4차 산업혁명의 혁신적인 기술 그 자체에 대해 소비자들이 구분하거나 생각할 필요성이 없도록 해야 하는데 이는 사람과 기술과의 격차를 줄이는 것이 아닌 기술이 사람에게 맞추는 서비스를 제공하는 것에 기초한다(연대성, 2017). 이 과정에서 광고 산업의 스토리텔링 역할과 중요성은 더욱 증대된다. 즉, 혁신적 기술과 빅데이터는 다시 소비자들에게 가치를 제공할 수 있는 형태로 가공되어야 하며, 이들을 설득시켜야만 의미가 존재하게 된다.

4차 산업혁명의 대표적인 기술 중 증강현실(Augmented Reality)을 활용한 '포켓몬GO'는 기술 영역 스토리텔링의 중요성을 일깨워주는 사례라고 할 수 있다. 애니메이션이었던 포켓몬스터의 주요 캐릭터 피카츄를 비롯한 몬스터들을 확보하며 마스터 트레이너가 되는 것을 목표로 하는 이 플레이 게임은 현존하고 있는 캐릭터, 신화와 전설의 캐릭터 등 일본의 신화·민담·설화 등을 바탕으로 하며, 증강현실기술과 위성항법기술, 스마트폰 기술을 통해 전세대를 아우르는 공감대를 형성하였다. '포켓몬GO'의 성공은 소비자들의 과거와 미래 동선을 고려한 콘텍스트 기반 컨버전스를 통해 가능했는데, 이는 궁극적으로 현실의 증강으로 그치는 것이 아닌 기술을 통한 감성의 증강, 아날로그적인 느낌의 확장을 일으켜 소비자들을 몰입시켰다(연대성, 2017). 즉, '포켓몬GO'를 통해 구현되는 디지털스토리텔링의 핵심은 공학적 상상력과 인문학적 상상력이 증강현실을 통해 융합하고 완성도 높은 상호작용 미디어 환경으로 구현해냈다는 점에 있다(이재홍, 2016). 다시 말해 '포켓몬GO'는 기술 속에 녹여낸 스토리의 힘이 존재했기 때문에 전 세계적인 성공을 거둘 수 있었던 것이다.

또 다른 4차 산업혁명의 대표 기술 중 사물인터넷(IoT) 관련 광고 역시 기술과 결합된 스토리텔링을 전달할 수 있다. 소비자들이 필요로 하는 정보를 사물인터넷 기술이 알려준다거나 제어하는 기능을 광고 메시지로 제시하기보다 기술들과 소비자들의 생활을 연결하는 것에 초점을 맞추는 것이다. 이에 기술 속에 녹아든 이야기를 통해 광고를 접하는 소비자들은 제품 혹은 서비스와 관련된 정서적인 공감대를 형성할 수 있으며 감성적인 커뮤니케이션 또한 가능하게 된다. 즉, 기술을 매개로 하여 인간적인 감정들의 연결망을 형성하는 것이다. 예를 들어, LG유플러스의 반려동물 IoT앳홈 '자장가의 비밀 편' 광고는 기술과 기술의 연결이 아닌 인간의 감정을 자극하는 스토리텔링이 중심이 되었으며, 2017년 유튜브 용으로 제작된 LG유플러스 광고 중 역대 최단 기간 최다 시청 영상이 되었다. 이 광고는 주인을 기다리는 반려동물을 위해 IoT 서비스와 연동된 스마트 폰

[그림 4-4] LG유플러스 반려동물 IoT앳홈 '자장가의 비밀 편'

앱을 이용해 외로워 보일 때는 TV를 켜주고, 어두워져 불안해하면 불을 밝혀준다. 앉아서 졸고 있는 반려견을 위해 주인은 자장가를 불러주며 자장가 소리에 반려견이 편안하게 잠이 드는 광고 스토리를 통해 소비자들과 기술 사이에 따뜻한 공감대를 형성하였다. 이처럼 기술이 더욱 고도화되는 4차 산업혁명 시대일수록 광고는 인간적인 유대감을 더욱 강화시켜주는 방향으로 메시지를 전달해야만 경쟁력을 갖출 수 있는 것이다.

이와 유사하게 인공지능(AI) 역시 인간적인 관계 중심의 스토리텔링으로 기술에 대한 메시지를 전달한다. 구글은 디즈니와 협업하여 AI 대화형 스토리텔링 서비스를 제공했다. 이는 부모가 아이들에게 동화책을 읽어주면 구글 홈이 읽어주고 있는 동화책 내용에 맞추어 관련 음향 효과 혹은 배경 음악을 재생해주는 서비스이다. 이러한 구글의 광고는 자사의 인공지능 제품 성능을 광고하는 것이 아닌 디즈니 스토리에 대한 몰입과 흥미 이상의 것, 즉 부모와 아이와의 유대를 강화시켜주는 인간관계를 중심으로 하여 광고 메시지를 전달한 것이다.

통신사 KT의 경우, 2020년 인공지능 기술로 목소리를 구현해주는 '목소리 찾기' 프로젝트를 시작했다. 이는 청력을 잃었거나 목소리를 잃은 사람들을 대상으로 하는데, KT 앱의 인공지능 기술을 통해 갖게 된 목소리로 상대방과 소통을 가능하게 하는 것에 목적이 있다. 해당 프로젝트는 개인화 음성합성과 AI 딥러닝이라는 최신의 기술을 이용했지만 광고 속에서 고도의 기술을 보유한 자사의 자원과 능력을 이야기하는 것이 아닌 인간과 인간 사이의 따뜻한 소통과 삶에 대해 이야기하고 있으며, 그 과정 안에 기술을 녹여냈다. 즉, 기술이 복잡해지고, 발전될수록 광고는 인간의 삶에 더욱 초점을 맞추어야하며 이를 이야기로서 풀어내야 하는 것이다.

앞선 예시의 광고들이 갖는 공통점은 4차 산업혁명시대의 광고가 소비자 삶에 관여하며, 솔루션을 제공했다는 스토리텔링에 있다. LG유플러스는 1인 가구와 반려동물을 기르는 가구라는 다양화된 사회적 형태에서 발생하는 문제에 초점을 맞추었고, 이들이 안고 있는 문제를 IoT라는 기술을 통해 해결하도록 하였다. 구글의 인공지능은 부모와 아이의 유대 관계에, KT의 프로젝트는 사회적 소수자가 안고 있는 문제를 기술적으로 극복할 수 있도록 도움을 주는 따뜻한 기술이라는 메시지를 소비자들에게 전달한 것이다. 다시 말해 발전된 기술들이 초지능과 초융합을 통해 어떻게 인간 사이의 초연결을 만들어낼 것이며 이를 어떻게 이야기할 것인지를 고민할 필요가 있다. 결국 4차 산업혁명시대에 가장 주목받는 건 첨단 기술이 아닌 '인간' 그 자체로, 광고는 소비자를 소비자로 보는 것이 아닌 가족, 친구, 인간으로 생각하는 방향으로 돌아갈 것이며 오히려 디지털이라는 개념을 잊는 것이 가장 성공적이며 효과적인 광고 제작으로 이어지게 됨을 시사한다(조용석, 2017).

이에 따라 4차 산업혁명의 기술들은 소비자들의 행동 단위를 세밀하게 구분하여 실질적인 솔루션을 설계하여 접근하는 방향으로 나아가야 하며, 이러한 기술들을 지속적으로 이용하도록 만들어야 한다(연대성, 2017). 발전하는 기술로 인해 근본적인 기술의 차별화가 점점 어려워지고 있는 시점에서는 기업이 고객의 니즈를 파악하여 고객이 가치 있게 여기는 것이 무엇인지를 파악하고, 이러한 정보를 제공할 때 소비자의 흥미와 관심사를 풀어내어 전달해야 하는 것이 필요하기 때문이다(유종숙, 2018). 궁극적으로 4차 산업혁명시대의 광고는 삶의 일부분에 대해 소비자들과 함께 커뮤니케이션하는 과정이며, 생활 속 이야기를 기술과 함께 녹여내는 것이다.

최종적으로 광고 속 스토리텔링에는 기업의 진정성이 소비자들에게 전달되어야 한다. 이는 곧 기업 혹은 브랜드 가치를 이끌어내는 것에 초점을 맞추어야 하는 것으로, 초연결시대에 접어들었기 때문에 더욱 소비자가 신뢰할 수 있는 가치를 각인시켜야한다. 앞서 예로 들었던 기업에서 4차 산업혁명을 대표하는 기술 관련 광고들은 일반 시민들의 사연을 바탕으로 전개하거나 혹은 유명하지 않은 배우들을 섭외하여 제작하였다. 이를 통해 유명인을 광고에 등장시키거나 성능 자체에 초점을 맞춘 메시지를 제공하기보다 기술을 통해서 사람과 사람과의 연결에 소비자들이 더욱 공감하며, 기술에 대한 진정성을 느낀다는 것을 추측할 수 있다. 앞으로의 광고들은 기업이 제공하는 제품과 서비스의 본질을 소비자에게 전달해야 하며, 관련 사업들이 얼마나 소비자들의 삶과 발전에 중요하고 필요한지에 대한 공감을 이끌어 내야한다(유종숙, 2018). 궁극적으로 4차 산업혁명이 진행되면서 고객에게 차별적 만족과 색다른 경험을 전달하는 것이 중요해지고 있지만 이 과정에서 기업이 중요하게 고려해야하는 것은 고객에 대한 진정성으로 기능적 요소에 대한 집중이 아닌 차가운 기술 환경에 따뜻한 감성을 전달하고자 하는 가치 전달인 것이다(허태학, 2018).

광고의 미래 넥스트 10년

광고의 미래
넥스트 10년

Chapter 5

증강현실과
브랜드커뮤니케이션

실감 미디어와 소셜미디어 테크놀로지의 융합

문장호

숙명여자대학교 홍보광고학과 교수

블록버스터 영화 관람을 위해 영화관을 찾는 소비자들이 일반 상영관 대신 아이맥스관 티켓 예매를 위해 기꺼이 시간과 돈을 더 들이는 이유는 무엇일까? 더 실감나게 콘텐츠를 소비하고 싶은 욕구 때문이다. 똑같은 내용을 가진 한 편의 영화도 작은 노트북 화면에서 낮은 화질로 관람하는 경우와 아이맥스 영화관에서 3D 안경을 착용하고 관람하는 경우의 차이는 상당하다. 한 편의 영화라는 콘텐츠는 동일하지만 이를 어떤 미디어로 소비하느냐에 따라 영화 관람객이 체험하는 생동감과 재미에는 분명한 차이가 존재한다. 이렇게 사용자에게 더 생생한 실감을 선사하는 미디어들을 통칭해서 이머시브 미디어(Immersive Media) 또는 실감미디어 부른다. 실감미디어(Immersive Media)는 우리가 의사소통하는 방식을 바꾸고 있다. 온라인 공간의 콘텐츠는 텍스트에서 사진으로, 사진에서 동영상으로, 동영상은 더 크고 더 높은 해상도의 동영상으로 발전했고, 이제는 360도 동영상, 가상현실, 증강현실이 적용된 콘텐츠가 대중화되는 중이다. 실감 미디어는 '사용자가 마치 직접 경험을 하고 있는 것처럼 느끼게 해주는 미디어'로 정의되는데 (정동훈, 2017), 몰입 경험을 통해 현실에 대한 누군가의 인식을 바꾸는 실감미디어의 능력은 커뮤니케이션에 새로운 차원을 도입한다. 특히 그동안 데이터 전송속도의 제한과 그래픽 처리능력의 한계로 대중화 되지 못했던 다양한 실감미디어 서비스들이 이제 일상생활 속에서 우리의 삶의 방식을 바꿔놓을 채비를 하는 중이다. 5G 시대의 본격화와 비대면 서비스의 증가로 인해 이러한 실감미디어는 생각보다 빨리 소비자들의 생활 속에 자리 잡을 것으로 전망된다.

더 선명하고 실감나는 경험을 가능하게 하는 실감미디어 기술은 기업과 브랜드가 소통하는 방식에도 빠르게 적용되어 새로운 기회를 제공하고 있다. 뉴미디어의 적용을 어느 산업분야보다도 부지런히 해온 광고의 역사를 미루어볼 때 실감미디어는 앞으로 브랜드와 소비자가 소통하는 브랜드커뮤니케이션을 전망하는 데 있어 빠질 수 없는 키워드임에 분명하다. 본 장에서는 이러한 실감미디어 중에서 특히 주목을 받고 있는 증강현실(AR: Augmented Reality)이 브랜드커뮤니케이션 맥락에서 활용되는 방식과 소비자에게 영향을 미치는 원리를 살펴본 후, 효과적인 증강현실 브랜드커뮤니케이션을 위한 전략에 대해 살펴본다.

현실에 가상을 덧씌우는 증강현실

증강현실은 사용자가 실제 세계를 보는 화면에 컴퓨터그래픽이 생성하는 가상의 사물이나 정보를 덧씌워서 원래의 환경에 존재하는 것처럼 합성한 하나의 화면을 제공하는 기술이다. 미국의 온라인광고협회 IAB(Interactive Advertising Bureau)는 증강현실을 간단히 '카메라를 활용해 사용자가 보는 실제를 변화시키거나 증강시키는 경험'으로도 설명한다(IAB, 2019). 즉 현실에 가상을 덧씌우는 방식으로 문자 그대로 '증강된 현실'을 만들어 내는 것이다. 우리 주변에서 흔히 접할 수 있는 SNOW나 B612 와 같은 카메라 앱에서 사용자의 얼굴부위를 자동 인식하여 동물 모양의 눈·코·입이나 재미있는 모양의 마스크를 결합해주는 스티커 기능, 눈을 크게 하고 얼굴 모양을 바꿔주는 보정기능 등이 실제를 변화시키거나 증강시키는 증강현실의 익숙한 사례들이다.

증강현실이라는 용어는 1990년 항공기 개발회사 보잉의 연구원 토마스 카우델(Thomas Caudell)에 의해 처음으로 소개되었다 (Caudell & Mizell, 1992). 증강현실의 시초는 전투기 조종석의 헤드업디스플레이(HUD: Head-Up Display)에서 찾을 수 있는데, 파일럿이 빠른 속도로 비행하는 전투기를 조종하는 동안 인공 수평선, 고도, 속도, 방위 등의 각종 비행 정보들을 콕핏의 창으로 볼 수 있도록 고안된 HUD가 오늘날 증강현실의 시작이다. 이제는 HUD가 자동차에도 적용되어 운전석 앞 유리에 네비게이션이나 속도 정보 등을 투사해주는 것을 흔히 볼 수 있고, 여기서 더 발전하여 증강현실 기반의 네비게이션이 등장하여 실시간으로 실제 주행 영상위에 정확한 가상의 주행라인을 입혀 운전자의 도로 인지를 돕기도 한다.

증강현실은 흔히 가상현실(VR: Virtual Reality)과 비교되며 거론되는데, 증강현실이 가상현실과 다른 점은 실제 세계와의 연결 여부이다. 가상현실은 사용자가 헤드 마운티드 디스플레이(HMD: Head-Mounted Display)를 착용하고 컴퓨터그래픽 혹은 360도 비디오를 통해 가상으로 만들어진 환경에 몰입하는 동안 그 사용자는 실제 위치해 있는 주변 환경을 보지 못한다. 즉 사용자의 현실과 완전히 차단된 상태에서 가상의 환경에 몰입하게 된다. 반면에 증강현실의 사용자는 카메라를 통해 실제 환경을 실시간으로 볼 수 있으며, 그 실제 화면 위에 겹쳐져 합성되어 노출되는 디지털 객체들을 통해 '증강된 현실'을 경험 할 수 있게 된다. 즉, 가상현실은 현실을 완전히 대체한다면, 증강현실은 현실을 반영하고 이를 보강한다는 점에서 큰 차이점이 있다. [그림 5-1]에서 볼 수 있듯이, 페이스북의 오큘러스(Oculus)로 대표되는 가상현실의 HMD디바이스가 사용자를 현실과 차단시키기 위해 불투명한 반면, 마이크로소프트의 홀로렌즈(HoloLens)로 대표되는 증강현실 글래스는 현실을 반영하기 위해 투명하게 디자인되어 있는 것은 이러한 이유 때문이다. 증강현실은 이렇게 완전한 인공과 완전한 실제 사이의 중간지역을 구성하기 때문에 가상과 실제의 정보를 실시간으로 혼합하는 데 그 주요 특징이 있다. [그림 5-2]에서 가구 기업 이케아(IKEA)의 증강현실 서비스와 가상현실 서비스의 차이를 비교해보면 이 두 종류의 실감미디어의 차이를 보다 쉽게 이해할 수 있을 것이다. 가상현실을 사용하는 소비자는 현실과 차단된 상태에서 현재 위치한 공간과는 상관없이 가상의 이케아 가구를 경험하는 반면, 증강현실을 사용하는 소비자는 현재 위치한 사용자의 공간에 가상의 이케아 가구를 배치하는 경험을 할 수 있다. 이렇게 증강현실을 통한 커뮤니케이션은 브랜드가 소비자의 실제 환경 속에서 실시간 상호작용을 가능하게 해준다는 점에서 높은 사용자 맥락에서의 커뮤니케이션이 가능하며, 이는 증강현실만이 가지는 고유의 특성으로 꼽힌다. 반면 가상현실을 통한 커뮤니케이션은 소비자의 실제 환경과 실시간으로 상호 작용하지 않는 그 자체로 온전한 하나의 가상 디지털 환경을 제공하기 때문에, 무한한 가능성을 가지고 있는 동시에 소비자의 개인적 맥락을 반영하지 못한다는 한계점도 존재한다.

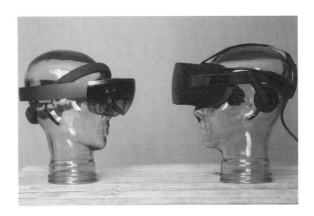

[그림 5-1] 왼쪽은 증강현실 글래스인 마이크로소프트의 홀로렌즈, 오른쪽은 가상현실용 HMD인 페이스북의 오큘러스리프트(Shanklin, 2016)

[그림 5-2] 왼쪽은 IKEA의 증강현실 어플리케이션인 플레이스(Place)를 사용하여 실제 공간에 가상의 공간을 배치하는 모습, 오른쪽은 IKEA의 가상현실 어플리케이션인 버추어키친(Virtual Kitchen)을 통해 IKEA의 부엌을 가상공간에서 체험하는 모습 (IKEA, 2017; 2020)

증강현실,
마치 '여기'에 있는 듯한 느낌

증강현실과 가상현실을 체험하면서 느낄 수 있는 사용자들의 실감은 현존감 또는 실재감으로 번역되는 프레즌스(presence) 이론이 잘 설명한다. 프레즌스는 '매체가 제공하는 가상 세계의 사물과 사건을 현실의 것으로 받아들여 그에 대해 직접적인 심리적·신체적 반응을 보임'(김태용, 2000, 2003), 또는 '커뮤니케이션 매체 수단에 의해 조성된 환경에 존재하는 것 같은 느낌'(Steuer, 1992) 등으로 정의된다. 직관적으로 '마치 거기 있는 듯한 느낌(being there)'(Reeves, et al, 1992)으로 이해할 수 있겠다. 이러한 프레즌스는 실감미디어를 활용한 광고의 효과를 이해하는 데 필수적인 기제로 광범위하게 연구되어 왔다.

특히, 증강현실 사용 상황에서 가상의 개체는 사용자의 물리적 세계의 일부가 된다. 사용자가 실제의 세계에서 이러한 가상의 개체를 제어하고 상호작용하는 경험을 통해 사용자는 가상의 개체가 마치 자신의 실제 세계에 존재하는 것처럼 느끼는 프레즌스를 경험할 수 있다 (Hilken et al., 2017; Huang & Liao, 2015; Verhagen et al., 2014). 증강현실 환경에서 이러한 프레즌스를 증가시키기 위해서는 '가상의 개체가 사용자의 물리적 환경에

서 실제 개체로 경험되는 정도'인 증강품질(augmented quality)
이 중요한 역할을 하는 요인으로 밝혀졌다. 사용자는 높은 증강
품질(perceived augmentation)을 경험할 때 자신의 경험에서 테
크놀로지가 매개된 점을 인지 못하고 온전히 몰입될 수 있는 반
면, 증강 품질이 낮으면 가상의 개체가 현실에 일관적으로 덧씌
워지지 않으므로 비현실적인 경험으로 이어지고 이는 부정적으
로 받아들여진다(Rauschnabel et al., 2019).

홍미롭게도, 최근 일부 학자들은 증강현실 맥락에서의 프레
즌스는 가상현실에서의 그것과 다른 방식으로 이해되어야 한
다는 견해를 내놓았다. 이들에 의하면 가상현실 속의 실감이
'Being There' 즉 '거기 있는 듯한 느낌'이라면, 증강현실에서의
실감은 가상 개체가 마치 'Being Here' 즉 '여기 실제 환경에 있
는 듯한 느낌'이라는 차이가 존재한다고 주장한다(Hilken et al.,
2017; Ruyter et al., 2020). '거기 있는 듯한 느낌'과 '여기 있는 듯
한 느낌'은 일견 일맥상통하는 내용이지만 곰곰이 생각해보면
실제를 대체하는 가상현실과 실제를 증강시키는 증강현실의 차
이를 잘 보여주는 논의라고 볼 수 있어서 이 주제에 대한 후속
논의가 주목된다.

심리학 분야에서 증강현실이 사용자의 프레즌스에 미치는
영향에 대해서 연구를 진행해 왔다면, 신경과학 분야에서는 실
제 사용자의 뇌의 움직임을 포착하여 증강현실이 미치는 영향

에 대한 연구를 진행하고 있다. 영국의 뉴로인사이트(Neuro-Insight) 연구진은 증강현실이 뇌에 미치는 영향을 이해하기 위해 뇌영상 기술을 활용하여 흥미로운 생체심리학적 연구를 진행하였다 (Mindshare, 2018). 연구진은 참여자들을 두 그룹으로 나누어 각각 6개의 AR 작업과 비AR 작업을 수행하도록 하고 사용자 뇌반응의 변화를 비교하였는데, 구체적으로 실험 참여자들이 구글 번역 (AR방식 vs. 웹사이트에서 텍스트 입력), 볼록 쌓기 게임 (AR버전으로 플레이 vs 비AR버전으로 플레이), BBC역사다큐멘터리 시청(AR경험 vs 웹에서 경험) 등의 작업을 수행하는 동안 뇌에 어떤 반응이 있는지를 추적하였다. 이 실험의 결과에 따르면 증강현실 작업이 비증강현실 작업에 비해 거의 두 배(1.9배)에 달하는 높은 수준의 시각적 주의(visual attention)를 이끌어냄을 확인했다. 또한 증강현실 작업에 할당된 참여자들의 인게이지먼트와 기억을 담당하는 뇌 부위가 비증강현실작업을 수행한 참여자들에 비하여 더 높은 수준으로 활성화됨을 보고하였다. 주의, 인게이지먼트, 기억이 커뮤니케이션에서 핵심적인 기제임을 감안할 때 증강현실을 통한 소비자—브랜드 커뮤니케이션이 가지는 잠재적 가능성을 예측할 수 있는 결과로 해석된다.

왜 지금 증강현실에 주목하는가? _____

중강현실이 실감미디어 중 가장 주목 받고 있는 이유는 먼저 높은 디바이스 접근성에서 찾을 수 있다. 소비자가 증강현실을 경험 할 수 있는 디바이스는 크게 네 가지로 구분해 볼 수 있는데, (1) 웹캠이 장착된 PC와 노트북 (2) 자체 카메라가 장착된 키오스크, 디지털 사이니지, 윈도우 디스플레이 (3) 스마트폰과 태블릿PC (4) AR글래스와 HMD와 같은 웨어러블 디바이스 등이다. 이중에서도 특히 스마트폰은 카메라, 모니터, GPS, 가속도계 등이 장착돼 있어 그 자체로 증강현실의 구현에 최적화 되어 있는 디바이스이고, 언제 어디서나 사용자가 휴대한 상태로 접근성이 뛰어나며, 정보통신망에 연결되어 있어 사용자의 증강현실 정보 송수신이 용이하다. 가상현실을 제대로 체험하기 위해서는 전용 디바이스가 필요한 반면 증강현실은 스마트폰만으로도 최적화된 경험이 가능하므로 소비자의 진입장벽이 낮다는 장점이 존재한다. 또한 스마트폰은 철저하게 개인화된 기기로서 사용자의 사적인 위치, 환경, 맥락을 파악하여 개인화된 실감미디어 경험을 가능하게 한다. 지극히 개인적인 디바이스인 스마트폰을 통한 사용자의 증강현실 사용경험은 다른 누구의 것과도 같을 수 없이 개인화되며 이러한 특징은 스마트폰의 높은 디바이스 접근성과 함께 증강현실 서비스가 다른 실감미디어와 차별화되는 점을 만들어낸다.

뿐만 아니라, 쉽고 재미있게 증강현실 서비스를 이용할 수 있는 소셜미디어 플랫폼의 인기는 증강현실의 빠른 성장의 동력이 되고 있다. 사용하기 쉬운 AR필터, AR렌즈, 스티커 등을 제공하는 인스타그램, 스냅챗, 틱톡과 같은 소셜미디어 플랫폼 덕분에 전 세계의 소비자들은 증강현실을 쉽고 재미있으며 친근한 방식으로 접할 수 있게 되었다. 특히 하루 종일 스마트폰과 카메라를 지속적으로 사용하면서 문자와 음성 대신 이미지와 비디오를 통한 커뮤니케이션 활동에 익숙한 디지털 네이티브 소비자들이 늘어나고 있다. 이들은 증강현실을 통해 실제와 디지털을 혼합하는 것에 거부감이 없고 이러한 새로운 경험을 능동적으로 받아들일 준비가 되어 있다. 이러한 새로운 소비자 행동은 브랜드가 메시지를 일방적으로 전달하는 방식이 아닌, 소비자들의 대화와 활동에 브랜드가 참여하는 방식으로서 소비자-브랜드 소통의 새로운 기회를 제공한다.

증강현실 산업 생태계의 발전은 증강현실을 주목해야 할 또 하나의 이유다. 전 세계의 테크 자이언트들은 미래 먹거리로 증강현실을 선택하고 적극적으로 뛰어들고 있다. 애플의 증강현실 개발 플랫폼인 에이알킷(ARKit), 구글이 개발한 안드로이드 스마트폰용 증강현실 플랫폼인 에이알코어(ARCore), 페이스북

[그림 5-3] 증강현실 산업 랜드스케이프

출처: The Venture Reality Fund, 2019

의 스파크 AR(Spark AR), 스냅챗의 렌즈 스튜디오(Lens Studio) 등 글로벌 IT산업을 선도하는 기업들의 증강현실 개발 경쟁이 치열하며, 이에 따라 증강현실 관련 산업의 생태계는 확장 중이다. [그림 5-3]에서 살펴볼 수 있듯이 AR산업은 디바이스와 장비를 생산하는 하드웨어 인프라스트럭처, 증강현실 기반 플랫폼을 개발하는 개발사, 그리고 이들을 게임과 엔터테인먼트, 소비자, 소셜미디어, 기업, 헬스케어, 교육 등 각 산업 분야에 적용하는 애플리케이션 개발사까지 그 전반적 생태계가 고루 성장하며 산업 경쟁력을 강화해가고 있다.

증강현실의 작동원리와 분류에 대한 이해 _____

증강현실을 작동시키려면 먼저 스마트폰, 태블릿PC, AR글래스 등 카메라가 장착된 디바이스에 증강현실 소프트웨어 인스톨해야 한다. 우리가 흔히 앱스토어에서 다운 받는 앱들이나 SNS 플랫폼들이 이 증강현실 소프트웨어 역할을 하게 된다. 소비자가 디바이스의 카메라로 특정 사물을 비추면, 소프트웨어의 컴퓨터 비전 기술이 비디오 스트림을 분석하여 그 사물을 인식한다. 이어서 디바이스는 인터넷을 통해 클라우드에서 이 사물과 관련된 정보를 다운로드하는데, 이는 우리가 흔히 쓰는 웹 브라우저가 URL로 페이지를 로드하는 원리와 유사하다. 차이가 있다면 증강현실 정보는 모니터에 2차원 페이지 형식이 아닌, 실제 환경에 존재하는 사물에 겹쳐진 3차원적 '경험'의 형태로 나타난다는 점이다(Porter & Heppelmann, 2017). 이를 통해 결국 소비자는 물리적 세계와 디지털 세계가 결합된 정보를 마주하게 된다.

증강현실은 카메라가 비춘 사물을 인식하는 방식(recognition method)에 따라 크게 네 가지로 구분해 볼 수 있다(Kipper & Rampolla, 2012). 첫 번째는 패턴(Pattern) 방식으로 디바이스의 카메라가 AR마커 혹은 제품, 제품의 패키징, 카탈로그 등에 인쇄된 패턴을 인식하면서 활성화되는 방식이다. 패턴방식은 증강현실이 브랜드커뮤니케이션에 도입된 2000년대 초기에 활발하게 도입되면서 새로운 미디어가 제공하는 신기성(novelty) 효과로 화제가 되었으나, 소비자 입장에서는 AR소프트웨어를 다운 받고 마커를 인식시키는 등의 번거로움이 수반되기 때문에 결과적으로 크게 활성화되지는 못하였다. 그럼에도 불구하고 몇몇 브랜드들은 인상적인 아이디어로 패턴 방식의 증강현실을 적용하여 지금까지 서비스를 지속하고 있다. 대표적인 사례가 [그림 5-4]에서 볼 수 있는 완구회사 레고(Lego)의 '레고 AR 키오스크'이다. 레고 매장을 찾은 소비자들이 선택한 레고 제품을 매장 내에 설치된 키오스크에 비추면 박스에 인쇄된 패턴이 인식되면서 AR이 작동되는 방식인데, 이 키오스크를 통해 소비자들은 자신이 선택한 제품의 조립이 끝나면 완성된 레고가 어떤 모습인지를 확인할 수 있다. 소비자들은 박스 위에 인쇄된 이차원 이미지 대신 그들이 무엇을 만들게 될 지를 삼차원 이미지로 볼 수 있고, 박스의 움직임을 통해 완성된 레고 제품의 이미지와 실시간으로 상호작용하며 모든 각도에서 입체적으로 관찰할 수 있다.

두 번째 증강현실 인식 방식은 아웃라인(outline) 기반 방식으로 디바이스의 카메라가 손, 얼굴, 발과 같은 신체의 일부를 인식하거나 제품의 일부를 인식하여 디지털 요소를 합성하는 방식으로 작동된다. 예를 들어, 증강현실 소프트웨어가 얼굴을 인식할 때, 소프트웨어는 얼굴의 눈, 코, 입, 귀의 위치 등 얼굴의 특징을 감지하고 이를 디지털 객체를 덧씌우기 위한 기준점으로 사용한다. 스냅챗, 틱톡과 같은 SNS 내 증강현실 서비스 혹은 카메라 앱에서 흔히 볼 수 있는 필터, 스티커 기능 등이 대표적인 아웃라인 방식의 증강현실이라고 볼 수 있다. 사용방식이 간단하고 패턴을 인식시키는 수고를 덜 수 있기 때문에 아웃라인 방식은 증강현실의 대중화에 크게 기여하며 현재 가장 활발히 사용되고 있다. 브랜드커뮤니케이션에서도 다양한 아이디어들이 이 아웃라인 기반의 증강현실을 활용하여 선보이고 있는데, 특히 가상으로 제품을 소비자가 경험해 볼 수 있는 버추

얼 트라이 온(Virtual Try-on) 서비스들이 안경, 신발, 화장품, 염색약, 액세서리 등 패션과 뷰티 브랜드들을 중심으로 선보이고 있다. 특히 주목할 점은 이들 브랜드들은 자체적인 증강현실 앱을 제작하여 소비자의 경험을 유도하는 한편, 인스타그램·스냅챗과 같은 SNS와 파트너십을 맺고 SNS 내의 증강현실 렌즈나 필터 기능을 활용하여 브랜디드 증강현실 서비스(Branded AR Service)를 통해 소비자의 접근성을 높이고 있다는 점이다. 브랜디드 증강현실 경험을 통해 만들어진 콘텐츠들은 소비자들의 가상 경험을 증진시킴과 동시에 소셜미디어 내에 공유되며 소비자들의 피드 자체가 광고로서 기능하고 있다. 또 하나의 새로운 현상은 워너비(Wannaby)와 같은 증강현실 커머스(AR Commerce)기업들이 생겨나면서 각 패션 브랜드들은 이들 증강현실 커머스 기업이 운영하는 서비스에 입점함을 통해 손쉽게 소비자에게 다가갈 수 있다는 점이다. [그림 5-5]는 워너비(Wannaby)가 운영하는 스니커즈 AR 서비스인 워너킥스(Wanna Kicks)에 입점한 많은 브랜드 중 푸마(Puma) 스니커즈를 가상 체험하고 있는 모습이다. 이 앱을 통해 소비자는 번거롭게 여러 브랜드의 증강현실 앱을 따로 다운로드 받을 필요 없이 한 번에 여러 브랜드의 스니커즈를 증강현실을 통해 경험해보고 온라인에서 구매까지 가능하다. 이런 증강현실 커머스는 이제 시작 단계이지만 증강현실 기술의 발전과 더불어 향후 이커머스의 발전에 상당한 영향을 미칠 것으로 전망된다.

증강현실의 세 번째 인식방식은 사용자의 위치에 기반하는 방식이다. 디바이스의 GPS 정보 혹은 삼각측량 방식을 통해 측정된 위치 정보를 통해 증강현실이 활성화된다. 증강현실 소프트웨어는 위치 정보를 활용하여 사용자가 실제 세계에서 움직일 때 건물이나 사람 위에 디지털 개체를 정확하게 덧씌울 수 있다. 스마트폰에는 대부분 카메라, 모니터, GPS, 가속도계(accelerometers), 디지털 나침반과 같이 위치기반 증강현실을 구현하는 데 필요한 모든 구성요소가 갖추어져 있기 때문에 위치기반 증강현실은 모바일 기기에서 최적화 되어 있다. 위치기반 증강현실은 카메라를 향하기만 하면 카메라에 보이는 지역의 관광 정보, 레스토랑 평점 등의 정보가 실제에 합성되어 노출되는 AR브라우저의 핵심 기능을 담당하며, 포켓몬GO와 같은 위치기반 증강현실 게임에서도 볼 수 있듯이 엔터테인먼트 면에서도 그 활용 가능성이 상당하다. [그림 5-6]에서처럼 나이키는 자사의 AR앱 SNKRS를 통해 소비자와 흥미로운 위치기반 증강현실 커뮤니케이션을 진행했다. 나이키는 SNKRS Stash라는 이름으로 자사의 앱을 마치 포켓몬GO 게임처럼 활용했는데, '몰래 숨겨두다'라는 'Stash'의 의미에서 유추할 수 있듯이 나이키가 도시 곳곳에 한정판 신상품을 숨겨두면 소비자는 포켓몬을 찾듯이 이 신발을 찾기 위해 스마트폰을 들고 도시 곳곳을 돌아다니게 된다. 12시가 되면 나이키 SNKRS 앱에서는 소비자 근처의 은닉처(Stash Spot)를 알려주는 피드가 뜨고, 소비자는 실제 그 지점으로 가서 증강현실 렌즈를 통해 아이템을 획득하게 되는데, 이 미션을 완료한 소비자만이 그 자리에서 스마트폰을 통해 신발을 구매할 수 있는 방식으로 진행되었다. 한정판 스니커즈가 그 희소성으로 인해 리셀링 했을 때의 값어치가 상상을 초월한다는 점을 감안할 때 스니커즈 팬들이 이 증강현실 버전의 보물찾기에 동참할 이유는 충분했을 것이다.

증강현실의 마지막 네 번째 구동방식은 사용자 실제 주변 환경의 표면(Surface) 또는 공간(Space)에 기반하여 활성화 되는 공간 증강현실 (Spatial Augmented Reality)이다. 공간 증강현실은 사람이나 물체의 접촉에 반응하고 가상의 실시간 정보를 제공하는 스크린, 바닥, 벽면 등을 활용하여 이루어진다. 미래의 광고를 언급할 때 가장 많이 등장하는 영화 '마이너리티 리포트'에서 톰크루즈가 장갑을 낀 손을 허공에 대고 움직이며 컴퓨터를 조작하는 장면을 떠올리면 쉽게 이해가 되는데, IT기업들은 이와 같이 공간 증강현실을 적용한 공간 컴퓨팅(spatial computing)을 발전시키기 위해 노력을 해왔다. 예를 들어, 마이크로소프트에서 출시하여 상용화된 홀로렌즈는 공간 증강현실을 활용하여 공간 컴퓨팅을 가능하게 만드는 대표적인 웨어러블 디바이스이다. 홀로렌즈에 부착된 사물 사이의 거리를 측정하는 뎁스 카메라(Depth Camera)를 통해 사용자의 실제 공간을 맵핑하고 위치를 정교하게 잡아서 현실세계에 디지털 개체를 위치시킨다. 이 홀로렌즈를 통해 사용자는 자신이 있는 실제 공간의 벽, 바닥 등에서 윈도우 창을 띄우고, 스카이프로 영상통화를 하며 제스처로 컴퓨터를 조작하는 등 증강현실을 활용한 공간 컴퓨팅이 가능하다. 이 디바이스는 B2C용으로 정착되기는 아직 무리가 있지만 마이크로소프트에서는 홀로렌즈를 B2B 산업용 기기로 포지셔닝하고 관련 서비스들을 런칭하고 있다. 예를 들어 [그림 5-7]은 홀로렌즈를 착용한 현장의 엔지니어가 매뉴얼을 자신의 앞 공간에 띄워놓고 엔진조립에 필요한 트레이닝을 받는 모습을 보여준다. 엔지니어 앞에 있는 실제 엔진에 화살표와 조작 지시 등과 같은 디지털 정보가 덧씌워져 표시되는 방식이다. 실제 엔진을 다룬다는 점에서 완전한 가상현실에서 이루어지는 트레이닝보다 현실적이며, 엔지니어 한 명 한 명을 교관이 직접 교육시키지 않아도 된다는 점에서 아날로그 방식보다 효율적임을 알 수 있다.

이 공간 증강현실은 별도의 하드웨어가 필요하다는 한계점이 존재하여 그 대중화 속도가 가장 느렸다. 그러나 2017년 애플이 별도의 하드웨어 없이 아이폰과 아이패드에서 곧바로 쓸 수 있는 증강현실 플랫폼 에이알키트(ARKit)를 출시하고, 구글이 안드로이드에서 사용가능한 에이알코어(ARCore)를 발표하면서

비로소 비약적인 발전의 계기를 마련한다. 이들 플랫폼은 스마트폰에 장착된 카메라만으로 모션 트래킹(Motion Tracking), 주변 환경 인지(Scene Geometry) 등의 기능을 구현되게 만들어서 사용자가 스마트폰만 있으면 본격적인 공간 증강현실을 경험하는 시대를 열었다. 또한 최근 출시되는 스마트폰에는 여러 대의 카메라가 부착되면서 뎁스 카메라의 역할을 할 수 있게 되어 스마트폰에서 구현되는 공간 증강현실은 더욱 정교해지고 있다.

이렇게 아이폰과 안드로이드의 생태계를 통해 빠르게 보급된 공간 증강현실은 브랜드커뮤니케이션에서도 적극적으로 활용되는 중이다. 예를 들어, 앞서 살펴보았듯이 가구기업 이케아(IKEA)는 2017년부터 이케아 플레이스(IKEA Place)라는 공간 증강현실 앱을 통해 증강현실 가구배치 서비스를 선보이고 있다([그림5-2]). 소비자는 이 앱을 통해 이케아 가구를 자신의 실제 공간에 배치해 볼 수 있고 이를 통해 크기, 디자인, 색상이 자신의 환경과 어울리는지를 미리 가늠해 볼 수 있다. 이케아가 2012년에 출시하여 화제가 되었던 AR카탈로그는 카탈로그에 패턴이 인쇄되어 소비자가 이를 스캔하는 방식으로 증강현실이 활성화되는 패턴인식 방식의 증강현실이었다면 현재의 이케아 플레이스 앱은 애플의 에이알키트 기반으로 제작된 공간증강현실 기반의 서비스라는 점에서 그 차이가 있다. 소비자 입장에서는 기술의 발전을 통해 더욱 자연스럽고 직관적이며 덜 번거로

[그림 5-4] 레고의 증강현실 키오스크
패턴기반 방식 사례

(Thiellier, 2018)

[그림 5-5] 워너킥스의 푸마 스니커즈 증강현실
아웃라인 방식 사례

(So, 2019)

[그림 5-6] 나이키의 위치기반 증강현실
'SNKRS Stash'
위치기반 방식 사례

(Stonebrook, 2017)

[그림 5-7] 홀로렌즈를 착용하고 트레이닝을
받고 있는 산업현장
공간 증강현실 사례

(Microsoft, 2019)

운 서비스를 경험할 수 있게 된 것이다. 공간 증강현실은 스마트폰 기술의 발전과 IT 선도 기업들의 집중적인 투자에 힘입어 향후 브랜드가 증강현실을 통해 소비자와 소통하는 데 중추적인 역할을 담당할 것으로 예상된다.

증강현실을 활용한 소비자-브랜드 커뮤니케이션

앞서 살펴본 것처럼 브랜드들은 증강현실을 활용하여 소비자와 상호작용할 수 있는 새로운 기회를 포착하고 다양한 방식의 브랜드커뮤니케이션을 시도하고 있다. 이들은 증강현실을 활용하여 소비자의 쇼핑 경험을 풍부하게 하고, 브랜드 참여도를 높여 궁극적으로 매출 증가를 달성하기 위해 노력한다. 이에 발맞추어 학계에서도 증강현실마케팅에 대한 개념적 정의와 분류가 진행 중이다. AR마케팅은 '기업의 목표를 달성하기 위하여 디지털 정보 또는 사물을 사용자의 실제 세계에 대한 인식에 통합하는 방식으로 소비자 편익을 노출, 설명 또는 시연하는 전략적 개념'으로 정의 된다(Rauschnabel et al., 2019). AR마케팅에 대한 연구는 주로 광고와 리테일의 두 가지 주요 맥락에서 활발히 진행되어왔는데, AR마케팅은 다음과 같은 네 가지 유형으로

분류해 볼 수 있다. (Scholz & Smith, 2016)

첫 번째 유형은 '액티브 프린트/패키징(Active Print/Packaging)'으로, 소비자는 AR 패턴이 표시된 인쇄물(예: 인쇄 광고, 제품 포장지 또는 카탈로그)을 스캔하여 활성화된 AR 콘텐츠와 상호작용한다. 앞서 살펴본 패턴기반 방식의 증강현실이 적용되며, 이는 오프라인·아날로그 매체를 온라인·디지털 매체로 전환시킬 수 있는 접점으로 활용된다는 점에서 그 가치가 상당하다. [그림 5-8]은 버거킹이 브라질에서 BK Express라는 사전 주문 앱을 프로모션하기 위해 진행한 'Burn That Ad' 캠페인이다. BK Express 앱을 다운받은 소비자들의 미션은 증강현실 기능을 작동시킨 후 스마트폰 카메라를 맥도날드, 웬디스와 같은 경쟁 패스트푸드 기업의 인쇄광고, 옥외광고, 쿠폰 등을 스캔하는 것이다. 경쟁사 광고를 스캔 하면 그 광고가 이글거리는 화염에 불타 없어지는 증강현실 이미지가 펼쳐진다. 이 화염 이미지는 버거킹이 경쟁사들과는 달리 햄버거 패티를 직화구이로 조리한다는 차별점을 강조하기 위함이었다. 이렇게 소비자들이 증강현실을 통해 경쟁사의 광고를 태우면 앱에서 근처 버거킹 매장에서 사용할 수 있는 무료 와퍼 쿠폰을 리워드로 받을 수 있는 방식으로 진행되었다. 소비자들이 기꺼이 브랜디드앱을 내려받고 증강현실 패턴을 스캔해야 하는 번거로움을 창의적인 아이디어로 극복한 이 캠페인은 2019년 칸광고제에서 4개

부문을 수상하며 화제가 된 바 있다.

　증강현실 마케팅의 두 번째 유형은 '가짜 창문(Bogus Window)' 으로, 마치 일반 유리창처럼 보이는 디지털 스크린에 가상현 실 콘텐츠를 활성화시켜 해당 공간에 있는 사용자의 착각을 불러일으키는 방식이다. 펩시맥스(Pepsi Max)의 '언빌리버블 (Unbelievable)' 캠페인에서 활용된 버스 정류장 OOH 광고 [그 림 5-9]에서 볼 수 있듯이, 소비자들은 런던의 한 버스 정류장 유리창을 통해 일어날 가능성이 거의 없는 여러 시나리오를 보 여주는 '가짜 창문' 증강현실을 경험하게 된다. 버스 쉘터 외부 에 배치된 카메라가 실제로 거리에서 일어나는 일을 포착하고, 이를 버스 쉘터 내부 모니터에서 실시간으로 스트리밍 되도록 하여 마치 밖이 보이는 투명한 유리창과 같은 착각을 하게 만든 후, 이 화면에 디지털 콘텐츠가 덧씌워져서 노출되는 방식이다. 그 결과 버스 정류장 안에 있는 소비자는 실제 거리에 UFO가 날아다니거나 호랑이가 어슬렁거리는 모습들을 보게 된다. 이 '가짜 창문' 증강현실 캠페인을 보고 놀라고 재미있어 하는 소비 자들을 촬영한 영상이 소셜미디어를 통해 화제가 되기도 하였 는데, 이러한 '가짜 창문' 유형은 사용자의 디바이스가 필요 없 고 앱을 다운로드 해야 하는 번거로움도 없기 때문에 OOH 광 고로서 그 장점이 분명하다. 반면, 놀라움·새로움과 같은 신기 성(novelty) 효과는 지속되기 어렵기 때문에 일회성 재미에 그치지 않도록 만드는 크리에이티브가 뒷받침 되어야 한다는 과제가 존재하며, 이러한 페이드 미디어(Paid Media)를 통해 어떤 방식으로 소비자들이 자발적으로 공유할만한 가치가 있는 콘텐츠를 생산하여 언드미디어(Earned Media)를 획득할 수 있을지에 대한 정교한 계획이 수반되어야 할 것이다.

증강현실마케팅의 세 번째 유형은 '지오레이어(Geo-Layer)'로 사용자의 지리적 위치와 연관되어있는 디지털 개체(예를 들어 소비자 정면에 있는 실제 레스토랑에 대한 설명과 평점) 혹은 사용자의 지리적 위치와 전혀 연관되지 않는 디지털 개체(예를 들어 소비자가 실제 서있는 거리에 나타나는 나이키 스니커즈)를 합성함을 통해 사용자의 실제 주변 공간을 증강시키는 방식이다. 위치기반 증강현실을 활용하는 이 지오레이어 방식을 통해 마케터는 소비자 GPS정보를 활용하여 사용자가 어디에 있든지 브랜드 경험에 몰입 시킬 수 있다. 증강현실 도입 초기에는 소비자가 모바일 장치에 앱을 다운로드하고 디바이스를 사용하여 주변 환경을 스캔해야하기 때문에 번거로운 방식으로 여겨졌으나, 현재는 소비자가 늘 사용하는 소셜미디어 플랫폼에서 직접 지원하는 증강현실 기능을 통해서도 사용이 가능해져서 소비자 접근성이 상당히 높아진 상황이다. 예를 들어, 2018년 나이키는 에어조던3 신제품을 출시하면서 스냅챗의 AR렌즈 기능을 활용해 신제품을 소개하고 판매하는 A/R Jordan 캠페인을 선보였다

[그림 5-10]. 스냅챗의 AR렌즈를 활성화시키기 위해서 사용자는 사전에 공지된 로스앤젤레스의 세 지역 중 한 곳으로 이동해야 하는데, 이 세 곳은 모두 야외 농구코트가 설치된 곳이었다. 소비자가 농구 골대의 백보드에 부착되어 있는 스냅코드(스냅챗의 AR마커)를 스캔하면 마이클조던이 덩크슛을 하는 증강현실 콘텐츠가 활성화되어, 눈앞에 있는 실제 농구코트에서 마이클 조던이 덩크슛 하는 영상을 모든 앵글에서 볼 수 있게 된다. 캠페인은 이렇게 정해진 지역에 와서 증강현실을 체험하는 미션을 완료한 소비자들에게 에어조던3 신제품을 즉석에서 온라인으로 주문할 수 있는 기회가 주어지는 방식으로 진행되었다. 그리고 놀랍게도 신발은 모든 소비자들에게 당일 배송되었고, 모든 것이 하루 안에 이루어진 이 캠페인은 스냅챗은 물론 다른 소셜미디어 플랫폼을 통해서도 많은 언드미디어를 획득하게 된다. 이 캠페인을 통해 증강현실마케팅이 소셜미디어와 결합하여 접근성과 확산성을 높이고, 소셜 커머스의 영역으로 그 영역을 확장하며 진화하고 있음을 살펴 볼 수 있다.

증강현실마케팅의 네 번째 유형은 매직미러(Magic Mirror)로서 이는 모바일 디바이스의 증강현실 앱 또는 AR이 장착된 키오스크 화면을 통해 소비자가 가상 개체와 상호 작용하고 화면을 통해 증강현실의 일부로서 스스로를 볼 수 있는 유형이다. 패션·뷰티 분야에서 선보이는 대부분의 가상 제품 경험(Virtual

Try-On) 서비스들이 이 매직미러의 유형으로 구분되며, 대개 아웃라인 방식의 증강현실이나 또는 공간 증강현실을 적용하게 된다. 이 매직미러 유형의 대표적인 사례로 화장품 브랜드 로레알(L'Oréal)이 소비자가 메이크업을 가상으로 테스트 할 수 있도록 개발한 증강현실 브랜디드앱 '메이크업 지니어스(The Makeup Genius)'를 꼽을 수 있다[그림 5-11]. 2014년 출시 이후 지금까지 지속적으로 발전하고 있는 이 브랜디드 앱은 다수의 국제 광고제들에서 수상하며 증강현실이 일회성 재미를 벗어나 소비자들에게 실질적인 편익을 제공할 수 있음을 보여 주었고, 많은 화장품 브랜드들이 유사한 매직미러 서비스들을 출시하게 되는 시발점이 되었다. 특히 이 메이크업 지니어스는 증강현실을 통해 화장품을 실험해보고, 이를 공유하고, 실제 제품을 구매하기까지의 경험을 매끄럽게(seamless) 설계함을 통해 고객 구매여정(Consumer Decision Journey) 전반에 걸쳐 영향을 미치고, 궁극적으로는 앱 사용자를 로레알의 충성고객으로 이끄는 역할을 한다는 점에서 주목할 만하다 (Edelman & Singer, 2015). 이 앱은 소비자의 얼굴을 촬영하고 특징을 분석한 뒤, 어떻게 하면 자사의 다양한 메이크업 제품을 활용하여 소비자의 메이크업 룩을 변화시킬 수 있는지를 제안하고, 이를 매직미러 서비스를 통해 실제 소비자의 얼굴에 덧씌워서 보여준다. 소비자는 증강현실 경험을 통해 자신에게 어울리는 룩을 보고 선택할 수 있고, 이 룩을 완성시켜주는 제품을 앱을 통해 즉시 온라인으로 주문하거나 오프라인 매장에서 구입할 수 있다. 여기서 멈추지 않고, 주문한 제품들이 도착하면 소비자는 다시 앱을 열어서 이 제품을 사용하는 방법을 증강현실을 통해 배울 수 있다. 또한 앱은 소비자가 주로 자사의 어떤 제품을 구매하고 어떻게 사용하는지를 저장하고 추적해 나가면서 그 소비자의 개인 취향을 학습하고, 그 소비자와 유사한 다른 소비자들의 선택을 기반으로 추론하여 앱의 제안과 추천을 조정하기도 한다. 로레알은 이 앱을 통해 초기고려단계에서 구매 후 단계까지 소비자 여정의 전반에 걸쳐 소비자를 신속하고 매끄럽게 이끌어간다. 뿐만 아니라 소비자가 사용을 거듭할 때마다 앱의 개인화 수준이 높아지게 되어 궁극적으로는 고객을 충성도 루프(the loyalty loop)로 이끌어 나가게 된다. 이를 통해 이 앱은 소비자와 소통하기 위한 브랜드 채널임과 동시에 브랜드 입장에서는 소비자들이 어떤 식으로 제품과 인게이지 하는지에 대한 정보를 포착할 수 있는 창구로서의 역할까지 하게 되면서 브랜드의 중요한 자산으로 자리 잡았다 (Edelman & Singer, 2015). 이 사례는 매직미러를 통해 소비자들과 소통하려는 브랜드들에게 단지 실감나는 경험을 제공하는 것만으로는 소비자의 스마트폰 속에 오래 머무르는 브랜디드 앱이 될 수 없다는 함의점을 제공한다. 증강현실을 통한 브랜드 경험이 소비자의 제품 구매 전 테스트에만 머무르

[그림 5-8] 버거킹 브라질 'Burn That Ad'
브랜디드AR앱
**액티브 프린트/패키징
(Active Print/Packaging) 사례**

(Ogilvy, 2019)

[그림 5-9] 펩시맥스 영국 'Unbelievable'
버스정류장OOH광고
'가짜 창문(Bogus Window)' 사례

(Chahal, 2015)

[그림 5-10] 나이키 미국 A/R Jordan
지오레이어(Geo-Layer) 사례

(judgeseyeonly.com, 2019)

[그림 5-11] 로레알 메이크업 지니어스
매직미러(Magic Mirror)사례

(Reeder, 2014)

지 않고 구매 활동, 구매 후의 제품 활용, 구매후기 작성과 입소
문 내기에 이르기까지 소비자 여정의 전반적 과정에 고루 스며
들 수 있도록 사용자 경험을 디자인하는 노력이 필수적이다. 또
한 이 과정에서 확보된 소비자 데이터를 활용하여 개인화된 서
비스를 제공하는 전략 역시 간과해서는 안 될 것이다.

지속가능하고 몰입되는 증강현실,
브랜드커뮤니케이션을 위해

　이상에서 살펴본 바와 같이 실감미디어의 선두주자 증강현실
은 소비자–브랜드 커뮤니케이션을 위해 다양한 방식으로 적용
되고 있다. 향후 소비자가 진정으로 만족하고 지속가능한 몰입
형 브랜드 경험을 만들기 위해서 어떤 점을 고려해야 할 것인가?
　지금까지 학계의 연구는 브랜드커뮤니케이션 맥락에서 증강
현실의 기능을 극대화시키기 위해서는 소비자의 증강현실 경
험이 단순한 자극과 재미에 머물기보다는 실용적이고 유희적
인 소비자 편익을 제공해야 한다고 의견을 모은다(Hilken et al.,
2017; Rauschnabel et al., 2019). 실용적 편익은 기능적, 도구적,
실질적인 편익을 뜻하고 유희적 편익은 심미적, 경험적, 그리고
즐거운 감정과 관련된 요소들을 의미한다. 실용성과 유희성에

대한 고려 없이 진행되는 증강현실 커뮤니케이션은 일회성 이벤트로 휘발될 수 밖에 없을 것이다. 지속적으로 소비자들에게 이용될 수 있는 증강현실 브랜드커뮤니케이션을 위해서는 소비자들의 눈높이에 맞는 유희성과 기꺼이 활용할만한 실용성으로 무장되어 있는지 반드시 점검할 필요가 있다.

또한 증강현실 앱이 지속적으로 사용자들에게 사랑받게 만들기 위해서는 프레즌스와 개인화에 대한 이해가 필수적이다 (Smink et al., 2020). 프레즌스를 느끼고 증강현실 경험에 몰입할 수 있을 만큼의 우수한 증강품질을 확보하고 있는지, 그리고 소비자가 증강현실을 통해 충분히 개인화된 경험을 할 수 있는지에 대한 고민이 필요하다. 어설픈 증강현실 경험은 시작하지 않는 것보다 못한 결과를 가져온다. 우수한 개발자들과의 협업, 그리고 소비자 베타테스트를 통해 증강품질을 강화하여 다른 미디어에서 체험할 수 없는 프레즌스를 제공해야 할 것이다. 또한 한 소비자의 증강현실의 경험이 그 소비자의 사용환경과 사용맥락에서 하나의 고유한 체험이 될 수 있도록 개인화에 대한 고민 역시 소홀이 해서는 안될 부분이다.

뿐만 아니라 브랜디드 증강현실 서비스의 효용성을 높이기 위해서는 사용자 대 사용자의 상호작용을 보강한 소셜증강현실 (Social AR)에 대한 이해가 필요하다 (Hilken et al., 2020). 현재 증강현실 서비스들은 소비자 대 소비자의 상호작용이 제한적인 경우가 많은데 이렇게 부족한 소셜 경험은 곧 이탈로 이어질 수 있다. 한 소비자가 만들어낸 증강현실 콘텐츠가 소셜미디어 채널을 통해 다른 소비자와 원활하게 공유되게끔 하는 것은 물론이고, 증강현실 앱 자체 내에서 앱이나 채널을 전환하지 않고도 친구, 가족, 지인들과 피드백을 교환할 수 있는 방식으로 소셜함을 강화하는 아이디어들이 필요하다.

마지막으로, 브랜디드AR 앱을 통해 소비자들과 소통을 원한다면, 소비자들의 프라이버시 우려에 대한 고려도 잊어서는 안 될 것이다. 소비자들은 AR앱을 통해 자신의 얼굴은 물론, 신체의 일부분, 그리고 심지어 자신의 방 내부 등 사적 영역을 스캔하기 때문에 소비자가 가지는 프라이버시 침해에 대한 걱정은 불가피한 일이다. 구글 글라스의 초기 실패 사례의 원인 중 하나를 소비자의 프라이버시 염려에서 찾을 수 있는 점을 상기한다면, 강력한 프라이버시 보호, 데이터의 익명성, 사적과 공적 영역의 구분에 대한 고민이 필요하다 (Ruyter et al., 2020).

광고의 미래는 미디어의 진화를 통해 예상할 수 있다. 미디어는 사용자에게 더욱 실감나는 방향으로 더욱 풍요로운 경험을 제공할 수 있도록 진화를 거듭해왔음을 고려할 때 향후 브랜드 커뮤니케이션에서 실감미디어의 역할은 그 어느 때 보다도 중요해질 것으로 전망된다. 증강현실은 단발적 마케팅 캠페인 혹은 일회성 스토리텔링 캠페인에 머물기보다 지속적으로 소비자들의 원하는 욕구를 충족하고 소비자들의 문제를 해결해 줄 수 있는 잠재력을 가지고 있다. 본 장에서 다룬 증강현실의 활용 사례과 연구를 통해서 지속가능하고 몰입되는 증강현실 브랜드 커뮤니케이션의 미래를 남들보다 한발 먼저 생각해 볼 수 있었으면 하는 바람이다.

광고의 미래 넥스트 10년

광고의 미래
넥스트 10년

Chapter 6

인공지능과
광고의 미

인공지능을 통한 광고의 기획, 제작, 집행 그리고 효과

황보현우

한남대학교 글로벌IT경영전공 교수

왜 인공지능인가?

인공지능(artificial intelligence; AI)은 광고의 기획, 제작과 집행에 이르는 광고의 전 단계에 걸쳐 영향력을 확대하고 있다. 특히, 온라인과 모바일 미디어의 비중이 확대되고, 딥러닝을 비롯한 인공지능 알고리즘이 고도화됨에 따라 인공지능이 광고 산업의 미래에 중요한 변화를 가져올 것이라는 전망이 대두되고 있다.

인공지능 알고리즘의 고도화는 광고 기획 단계에서 소비자의 기호를 정확하게 파악하는 것을 가능하게 한다. 고객 세분화를 비롯한 정량적 데이터 분석 이외에 텍스트 분석, 소셜 네트워크 분석 등 다양한 빅데이터 분석 기법은 소비자가 원하는 바를 광고 기획에 정확하게 반영하게 하는 것을 가능하게 한다.

인공지능 기술의 발전은 광고 제작 단계에도 영향을 미치고 있다. 생성적 적대 신경망(Generative Adversarial Network; GAN) 알고리즘에 기반을 둔 딥페이크 기술은 광고 모델의 이미지와 동작, 그리고 음성을 사전에 학습하여 저렴한 비용으로 다양한 동영상 광고를 제작하는 것을 가능하게 한다. 과거에는 광고 제작 단계에서 이미지 처리를 위해 컴퓨터 비전 기술을 활용하여 광고를 편집하는 수준이었다면, 오늘날의 인공지능은 직접 광고를 기획하고, 제작하는 단계에까지 이르고 있다.

추천 시스템(recommender system)을 비롯한 인공지능 알고리즘의 발전은 광고 노출의 시기와 배치 및 미디어 선택을 최적화하고, 광고비용 대비 노출 효과를 제고한다. 아마존(Amazon)과 넷플릭스(Netflix)의 인공지능 맞춤형 광고에서 볼 수 있듯이 기존 협업 필터링(collaborative filtering) 기법에 상황 인지형 추천(context-aware recommendation)을 결합할 경우 광고 집행의 효율성을 극대화하는 것이 가능하다. 이미지 처리, 음성 인식, 자연어 처리 분야에 있어서의 인공지능의 비약적인 발전은 사물인터넷(Internet of things; IoT)에 기반을 둔 센서 데이터 수집의 일상화와 결합하여 소비자의 기호를 실시간으로 파악하고, 피드백하는 것을 가능하게 한다.

본 장에서는 인공지능을 활용한 다양한 광고 기법을 살펴보고, 광고 기획, 제작 및 집행의 단계에 걸쳐 인공지능 기술이 광고 산업에 활용된 사례를 살펴보고자 한다. 또한 인공지능이 광고 산업의 미래에 미치는 기대 효과를 전망함으로써, 광고 산업 종사자들이 인공지능 시대에 있어 어떻게 대처하고, 인공지능 기술을 활용할 것인지에 대한 시사점을 제공하고자 한다.

인공지능을 활용한 광고 기법

시장 세분화 및 타기팅

효율적인 광고 기획을 위해서는 광고의 대상이 되는 시장을 세분화하고, 집중적으로 마케팅할 고객을 정하는 타기팅 과정이 요구된다. 통계 학습에 기반을 둔 정량적 데이터 분석은 시장 세분화와 타기팅을 위한 유용한 도구로 활용되어 왔으며, 최근에는 인공지능 알고리즘에 기반한 빅데이터의 활용이 증가하고 있다.

시장 세분화(market segmentation)는 현재 및 미래의 시장 규모와 성장성을 측정하고, 이를 하위시장(submarket)으로 나누는 과정이다. 성공적인 광고 기획을 위해서는 시장 내에서 중점적으로 공략할 하위시장을 선정하고, 그에 맞는 광고 전략을 수립하는 것이 필수적이다. 이를 위해 광고 기획자에게 미래의 시장 규모를 예측하고, 시장 및 고객을 정확하게 분류하는 능력이 요구된다. 시장 세분화 과정에서는 하위시장을 서로 중복되지 않고, 빠짐없이 분류하는 'MECE(mutually exclusive, collectively exhaustive)' 원칙을 적용하는 것이 요구된다. 시장 세분화 이후에는 같은 집단(group)으로 묶인 고객 간 동질성이 나타나야 하며, 다른 집단으로 묶인 고객과 확실한 차별점이 드러나야 한다.

타기팅(targeting)은 광고하고자 하는 제품 및 서비스의 대상을 구체적으로 설정하는 과정이다. 광고 타기팅은 광고의 기획 및 제작 단계에서 광고의 효과성을 극대화하는 기획안을 수립하고자 하는 목적과 광고의 집행 단계에서 비용 대비 효율성을 극대화하는 목적을 가지고 있다.

고객 경로 분석

인터넷과 센서 기술이 발전함에 따라 사물인터넷이 일상화되고, 이에 인공지능 기술이 접목되면서 우리 주변의 모든 사물이 연결되고, 데이터화되어 분석의 대상이 되는 분석 3.0(Analytics 3.0)의 시대가 도래하였다.

이를 기반으로 광고의 효율성 제고를 위해 인공지능과 빅데이터를 활용한 고객 경로 분석(customer journey analysis)의 활용도가 증가하고 있다. 온·오프라인에서 고객의 구매 과정 전 단계를 분석하는 고객 경로 분석은 웹사이트 및 모바일 디바이스에 남겨진 로그 분석과 사물인터넷에 기반한 센서 데이터 분석을 기반으로 한다. 이를 위해 사용되는 데이터는 일반적인 통계 데이터 분석과 비교하여 데이터의 크기가 크고, 다양한 유형의 데이터 형태가 존재하는 빅데이터이기 때문에 인공지능 알고리즘의 활용이 높아지게 된다.

고객 경로 분석의 대상은 온라인상에서 웹 브라우징과 모바일 기기 조작을 통해 고객이 방문한 웹사이트, 검색어, 클릭한 링크, 구매한 상품 등 쿠키(cookie)와 웹로그(weblog)로 남겨진 다양한 고객 행동이다. 또한 오프라인 매장에서 CCTV와 다양한 센서에 의해 감지된 고객의 동선, 체류시간, 상담원 접촉 및 구매 이력 또한 고객 경로 분석의 대상이 된다. 이렇게 수집된 데이터는 고객의 구매 단계별 프로세스를 분석하는 프로세스 마이닝(process mining)과 단계별 유입자 및 이탈자를 분석하는 퍼널(funnel) 분석을 통해 광고 및 마케팅을 위한 정보로 재탄생하게 된다.

개인화

개인화(personalization)는 서로 상이한 성향과 경험을 보유한 고객들에게 개인의 취향에 맞는 다양한 광고를 제공하여 광고 집행의 효과를 극대화하기 위한 수단이다. 개인화된 맞춤형 광고의 예로 구글(Google), 네이버(Naver) 등 검색 포탈에서 제공하는 디스플레이 광고 및 검색 광고를 들 수 있다.

검색 포탈은 주 수입원이 되는 광고 매출의 극대화를 위해 제한된 시간과 공간에서 노출되는 광고의 단가를 높이고자 한다.

광고 집행의 효과를 제고하기 위해서는 고객 세분화를 넘어 개인화된 맞춤형 광고의 제공이 요구되는데, 이를 위해 기업이 보유한 연령, 성별, 직업, 거주지역 등 사용자의 인구통계학적 정보와 고객의 일거수일투족이 담긴 사용자의 검색, 활동 및 구매 내역을 데이터화하여 활용하게 된다. 이 과정에서 텍스트 분석, 소셜 네트워크 분석, 추천 시스템 등 인공지능 알고리즘이 광범위하게 적용되며, 최근 딥러닝의 발전은 광고 집행 시스템의 성능을 고도화하는 데 큰 기여를 하고 있다.

퍼포먼스 최적화

퍼포먼스 최적화(performance optimization)는 주어진 예산 하에서 광고의 효과를 극대화하기 위한 제반 활동이다. 퍼포먼스 최적화를 위해 광고 매체 간 조합, 광고 형식 간 조합 등이 활용되며, 이중 광고의 비용 효율성을 극대화하기 위해 다양한 광고 매체를 조합하는 활동을 미디어 믹스 모델링(media mix modeling)이라고 부른다.

퍼포먼스 최적화를 위한 방법론으로 특정 조건하에서 결과를 최소 또는 최대가 되게 하는 함수를 도출하는 방법론인 최적화(optimization) 알고리즘이 활용된다. 최근에는 소셜 미디어 등 광고를 집행할 수 있는 매체가 다양해지고, 광고 형식으로 채택할 수 있는 옵션이 많아졌기 때문에 미디어 믹스 모델링은 더 복잡한 경영 과학의 문제로 발전하였다. 그러나 현실에서는 제한된 컴퓨팅 자원을 가지고, 복잡한 이슈를 해결해야 하기 때문에 국지 최적화 등을 통해 단시간 내에 효율적으로 의사결정을 내릴 수 있는 방법론이 선호되고 있다.

자동 스토리텔링 및 카피라이팅

광고 제작 단계에서 스토리텔링(storytelling)과 카피라이팅(copywriting)은 창의성과 예술성, 그리고 전달 능력이 중요시되는 인간 고유의 영역이었다. 그러나 웹 및 모바일 광고에서 사용자 맞춤형 광고의 수요 증가와 딥러닝 알고리즘의 비약적인 발전은 스토리텔링과 카피라이팅에서 인공지능의 개입 가능성을 제고하였다.

자동 스토리텔링 및 카피라이팅은 기존에 제작된 광고에서 벤치마크가 될 수 있는 광고의 제작 기법, 배경, 스토리라인 및 카피를 학습한 후 광고의 기획 의도와 사용자의 성향에 맞는 광고를 산출하는 것을 목적으로 한다. 자동 스토리텔링과 카피라이팅은 딥러닝의 비약적인 발전을 통한 이미지 처리, 음성 인식 및 자동 번역 영역에서의 기술 진보에 힘입은 바가 크다. 오늘날 자동 스토리텔링과 카피라이팅 기술은 인간이 만든 광고의 스토리라인과 카피를 모방하는 수준에 불과하지만, 미래에는 광고 기획 및 제작 단계에서 비용 절감과 효율성 향상을 가능하게 하는 광고 기획자를 조력하는 유용한 수단으로 자리매김할 가능성이 크다.

자동 광고 생성

오늘날의 인공지능은 광고 제작 단계에서 영상 처리 및 카피라이팅에 개입하는 수준을 넘어 인간의 개입 없이 광고를 직접 제작하는 단계에 이르렀다. 현재 딥러닝에 기반한 이미지 처리와 음성 인식 알고리즘은 과거의 영상, 음성, 스토리라인 등을 학습하고, 이를 통해 새로운 광고 영상을 직접 제작하고 있다. 현재의 기술 진보 단계는 인공지능 알고리즘을 활용하여 제작된 광고의 수준이 전문가가 직접 제작한 광고와 식별이 어려운 수준에 이르고 있다.

자동 광고 생성(automatic ad creation)은 광고 제작이 인공지능이 개입할 수 없는 불가침의 영역이 아니라, 이제 광고계가 인공지능을 적극적으로 도입하고, 활용해야 하는 시기가 도래하였음을 의미한다. 우리는 이제 인간의 크리에이티브 능력으로 창출된 광고를 모방하여 유사한 수준의, 그러나 전혀 다른 콘텐츠를 생성해 내는 인공지능을 적극적으로 도입하고, 활용할 필요가 있다.

광고를 위한 인공지능 기술 _____

이미지 처리

이미지 처리(image processing)는 사진 및 영상 정보의 인지 및 식별을 통해 이미지를 분류, 가공하는 기술이다. 전통적으로는 이미지 처리 과정에서 컴퓨터 비전(computer vision)과 주성분 분석(principal component analysis; PCA) 등의 통계 학습 기법이 주로 활용되었으나, 최근에는 계층적 신경망(hierarchical neural network; HNN)을 확장하고, 변형한 합성곱 신경망(convolutional neural network; CNN)이 널리 사용되고 있다.

합성곱 신경망은 합성곱 계층(convolutional layer)에서 필터와 활성화 함수를 통해 이미지의 특징(feature)을 추출하고, 통합 계층(pooling layer)에서 이미지의 차원을 축소하여 크기를 줄이고, 과적합을 방지하는 과정을 반복한 후 마지막 단계인 완전결합 계층(fully-connected layer)에서 이미지 분류의 정확성을 제고한다.

한편 2014년 신경정보처리시스템(neural information

processing system; NIPS) 학회에서 몬트리올대학교 요슈아 벤지오(Yoshua Bengio) 교수와 대학원생 이안 굿펠로우(Ian Goodfellow)가 발표한 생성적 적대 신경망(generative adversarial network; GAN) 알고리즘은 이미지 처리 분야에서 획기적인 성능 개선을 가져왔다. 광고 업계에서는 생성적 적대 신경망을 활용하여 과거에 생성된 광고 사진과 영상을 학습하고, 이에 기반하여 '진짜 같은 가짜'를 만들어 내는 딥페이크 기술이 적극적으로 활용될 것으로 전망되고 있다. 또한 광고 모델의 영상과 음성을 학습하여 다양한 형식의 광고를 생성하는 것이 가능하게 되었기 때문에 생성적 적대 신경망을 활용한 딥페이크 기술은 광고업계에서 폭넓게 활용될 기술이자, 가장 경계해야 할 기술

[그림 6-1] GAN 알고리즘을 활용한 이미지 영상화 사례

출처: 삼성전자 모스크바 AI센터

로 지목되고 있다.

음성 인식

음성 인식(voice recognition)은 사람의 음성 언어를 컴퓨터가
인식하고, 해석하여 문자 데이터로 전환, 처리하는 기술이다.
음성 인식을 위해 가장 많이 사용되는 인공지능 알고리즘은 은
닉 마르코프 모형(hidden Markov model; HMM)과 순환 신경망
(recurrent neurual network; RNN)이며, 최근에는 순환 신경망의
발전 모형인 장단기 기억(long short-term memory; LSTM)과 게이
트 제어 순환 단위(gated recurrent unit; GRU)가 많이 사용된다.

음성 인식은 챗봇(chatbot)과 인공지능 비서(AI assistant)를 통
해 소비자와의 접점을 확대하고 있다. 음성인식 알고리즘의 지
향점은 사람의 음성을 정확하게 인식하는 단계를 넘어, 주변 상
황을 인지하여 사람이 말하는 의도를 정확하게 파악하는 단계
로 진화하고 있다. 광고 산업에서 보다 정확한 사용자 맞춤형
광고를 위해 음성 인식의 중요성이 점차 커지고 있으며, 이를
활용한 상황인지형 광고의 제작 또한 증가하는 추세이다.

추천 시스템

오늘날 추천 시스템(recommender system)은 광고 집행의 효율성을 향상시키기 위한 필수적인 요소가 되었다. 추천 시스템은 협업 필터링(collaborative filtering)과 콘텐츠 기반 추천 시스템(content-based recommender system)을 기술적인 양대 축으로 발전하여 왔다. 가장 일반적으로 도입되어 활용되는 추천 알고리즘인 협업 필터링으로는 사용자(user)와 아이템(item) 간 관계를 분석하는 메모리 기반 협업 필터링과 차원 축소(dimension reduction), 군집 분석(clustering), 연관 규칙(association rules) 등 다양한 데이터 분석 모델에 바탕을 둔 모형 기반 협업 필터링이 있다.

최근에는 날씨, 시간, 위치 등 사용자의 주변 환경을 추천 시스템에 반영하는 상황 인지형 추천시스템(context-aware recommender system; CARS)과 소셜 네트워크를 활용하여 사용자의 지인들이 갖는 선호를 반영한 신뢰 인지형 추천 시스템(trust-aware recommender system; TARS)이 등장하여 추천 시스템의 성능을 높이고 있다.

최근 인공지능의 발전은 기존에 제기되어 온 추천 시스템의 원천적인 이슈를 극복하는 데 초점을 맞추고 있다. 추천 시스템의 주요 이슈로는 '보유하고 있는 데이터의 양은 많지만 정작 추천 시스템을 만들기 위해 활용 가능한 데이터는 매우 적다'는 데이터 희소성(data sparsity) 이슈와 '처음으로 찾아오는 방문자에게 어떤 추천을 제공할 것인가'에 대한 초기 사용자 문제(cold-starter problem)에 대한 해결책을 제시하는 것이다.

최적화

최적화(optimization)는 주어진 함수와 제약 조건하에서 최선의 결과를 도출해 내는 방법론이다. 최적화 알고리즘은 2차 세계 대전 중 군사 분야에서 유한한 자원이라는 제약 조건하에서 최적화된 군수물자 운용 스케줄링을 도출하기 위해 활용되면서 본격적으로 발전하였다. 최적화의 대표적인 방법론으로 선형계획법(linear programming), 네트워크 모델(network models) 등이 있다. 서울시에서 심야버스의 최적 노선 도출 과정에서 활용한 방법론이 바로 최적화 알고리즘이다.

최적화는 광고 산업에서 제한된 예산 조건하에서 최대의 광고 집행 효과를 산출하기 위한 퍼포먼스 최적화, 미디어 믹스 모델링 과정에서 활용될 수 있다. 다양한 제약조건을 만족하는 최적 해를 구하기 위해서는 엄청난 양의 컴퓨팅 리소스가 요구된다. 그러나 인공지능 알고리즘의 발전과 국지 최적화의 조합을 통해 우리는 최적화 알고리즘을 활용하여 PC 수준의 하드웨어에서도 비교적 간단하게 최적 해를 도출하는 것이 가능하다.

텍스트 분석

텍스트 분석(text analysis)은 다양한 텍스트 데이터로부터 가치를 창출하는 일련의 과정이며, 이미지 처리, 음성 인식과 더불어 비정형 데이터 분석의 대표적인 영역이다. 텍스트 분석은 정보 검색(information retrieval), 문서 군집(document clustering), 문서 분류(document classification), 웹 마이닝(web mining), 정보 추출(information extraction), 자연어 처리 (natural language processing), 개념 추출(concept extraction) 등을 목적으로 한다. 텍스트 분석을 위해 사용되는 방법론으로는 TF-IDF(term frequency-inverse document frequency), 감성 분석(sentiment analysis) 등이 있다.

광고 산업에서 텍스트 분석은 개인화된 광고 집행의 사전 단계로서 사용자의 성향을 분석하기 위해 많이 활용된다. 최근에는 감성 분석을 통해 사용자의 주관성(subjectivity)과 극성(polarity)을 파악하여 맞춤형 광고를 집행하는 사례가 증가하고 있다. 또한 인터넷 및 모바일 영역에서 문맥 광고(contextual advertising)를 통해 사용자가 필요로 하는 상품 및 서비스를 제공하는 경우가 많아지고 있다.

소셜 네트워크 분석

소셜 네트워크 분석 (social network analysis; SNA)은 개인 및 집단 간 관계를 노드와 링크를 사용하여 모델링하고, 그 위상 구조와 확산, 진화 과정을 계량적으로 분석하는 방법론이다. 소셜 네트워크 분석은 응집성(cohesion), 연결성(connectivity), 중심성(centrality)을 파악하여 네트워크 형태의 특징을 도출하고, 관계성을 통해 체계의 특성을 설명하고자 하는 방법론이다.

소셜 네트워크 분석은 페이스북(Facebook), 트위터(Twitter)와 같은 소셜 미디어(social media)뿐 아니라 네트워크 형태로 표현 가능한 모든 관계를 분석할 수 있는 방법론이다. 특히, 구전 효과(word-of-mouth; WoM)가 큰 상품이나, 고객 여정(customer journey)에 대한 분석이 필요한 상품의 광고를 기획하는 과정에서 텍스트 분석과 더불어 유용한 도구로 활용된다.

인공지능 기반 광고 사례

토요타의 렉서스 광고

2018년 토요타(Toyota)는 IBM의 인공지능 솔루션인 왓슨

(Watson)에 기반하여 '직관에 의한 주행(Driven by Intuition)'이라는 렉서스(Lexus ES 2019) 광고를 제작하였다. 더앤파트너십 런던(The&Partnership London)이라는 광고 기획사가 비주얼 보이스(Visual Voice), IBM 왓슨과 협업을 통해 제작한 본 광고는 과거 15년간 광고제에서 수상한 경력이 있는 자동차 광고와 럭셔리 브랜드 자동차 광고의 영상, 대본, 음성을 IBM 왓슨이 학습한 후 이를 활용하여 인공지능이 직접 스토리텔링을 담당하였다.

본 광고를 제작하는 과정에 있어 인공지능에 의해 만들어진 스토리라인이 전문가에 의해 보완되기는 했지만, 토요타의 렉서스 광고는 인공지능에 의해 광고 스토리텔링이 시도된 대표적인 사례로 언급되고 있다. 본 광고를 제작한 케빈 맥도날드

[그림 6-2] 토요타의 렉서스 광고

출처: 디지털에이전시네트워크 홈페이지

(Kevin McDonald)는 광고 제작에 있어 크리에이터와 인공지능이 협업할 수 있는 가능성을 모색하는 유용한 기회였음을 밝힌 바 있다.

덴츠의 AI 광고 솔루션

세계 최대의 광고대행사인 일본 덴츠(Dentsu)는 2017년 인공지능 기술을 활용한 광고 카피라이팅 시스템인 아이코(AICO)를 발표하였다. 아이코는 'AI Copywriter'의 약자로 배너 광고, 리스팅 광고 등 디지털 분야에 특화된 광고 카피 생성 시스템이다. 덴츠가 아이코와 함께 출시한 인공지능 마케팅 솔루션인 마이(MAI; Marketing AI)는 TV 콘텐츠로부터 메타 데이터를

[그림 6-3] 덴츠의 AI 광고 솔루션

출처: 덴츠 홈페이지

수집하여 마케팅을 위한 키워드를 산출한다. 덴츠와 시즈오카(Shizuoka) 대학의 카노(Kano) 연구소 간 협업을 통해 개발된 아이코와 마이는 덴츠, 덴츠 디지털, 데이터 아티스트 등 덴츠 그룹 산하 3개사의 광고 제작에 활용되고 있다.

디지털 광고의 경우 단기간에 다양하고 많은 광고 카피를 만들어야 하기 때문에 덴츠는 인공지능 기반 광고 카피 생성시스템을 통해 제작자의 업무 부담을 줄여주는 동시에 높은 클릭률을 산출하는 광고 카피를 만들 수 있게 되었다.

맥캔의 클로레츠 껌 광고

2016년 일본의 맥캔 에릭슨(McCann Erikson Japan)은 클로레츠(Clorets)라는 껌 제품의 마케팅을 위해 인간 크리에이티브 디렉터와 인공지능 간 광고 제작 대결 프로젝트를 기획하였다. '국민투표, 인간 대 인공지능'이라는 주제로 개최된 이 프로젝트는 민트 껌의 상쾌함이 오래 지속되는 이미지를 누가 광고로 더 잘 표현하는지에 대한 대결로 진행되었다. 인간 대표로는 일본의 CF 감독인 쿠라모토 미츠루(Mitsuru Kuramoto)가 참여하였고, 인공지능으로는 맥캔 에릭슨이 개발한 인공지능 솔루션인 베타(β)가 활용되었다. 베타는 과거 10년간 광고제에서 수상한 광고들을 학습하여 광고를 제작할 수 있도록 설계되었다.

[그림 6-4] 맥캔의 인간 대 인공지능 광고제작 대결

출처: 비즈니스인사이더

이 대결의 결과는 54 대 46으로 인간의 근소한 승리로 끝났지
만, 인공지능이 인간 크리에이터와 비교하여 뒤지지 않는 수준
의 광고를 제작할 수 있음을 보여준 상징적인 사건으로 언급되
고 있다. 또한 이 프로젝트는 광고 크리에이티브의 영역에서도
광고계가 인공지능을 적극적으로 활용할 가치가 있다는 사실을
시사하고 있다.

ING은행의 넥스트 렘브란트 캠페인

2016년 네덜란드의 ING은행은 광고대행사 월터 톰슨(J.
Walter Thompson Amsterdam)을 통해 17세기 바로크 시대 화
가인 렘브란트 작품을 재현하는 넥스트 렘브란트(The Next
Rembrandt) 캠페인을 실시했다. 마이크로소프트(Microsoft)
가 인공지능 기술 지원을 담당하였으며, 델프트기술대 (Delft

[그림 6-5] ING의 넥스트 렘브란트 캠페인

[그림 6-5] ING의 넥스트 렘브란트 캠페인

출처: 마이크로소프트

University of Technology; TU Delft), 마우리츠하위스(Mauritshuis) 미술관과 렘브란트의 집(Rembrandthuis) 미술관이 프로젝트에 참여하여 렘브란트의 새로운 작품을 만들어냈다. 이 캠페인은 2016년 칸 광고제(Cannes Lions)에서 사이버(cyber) 부문과 혁신-크리에이티브 데이터(innovation-creative data) 부문에서 그랑프리(Grand Prix)를 수상하였다.

본 캠페인은 딥러닝 알고리즘에 기반한 이미지 처리 기술을 응용하여 렘브란트의 작품 346점을 학습하여 과거에 존재하지 않았던 새로운 렘브란트 작품을 탄생시켰다. 본 캠페인은 인공지능을 활용하여 새로운 크리에이티브 산출물을 창조하였다는 점에서 기술과 예술의 결합 가능성을 보여준 성공적인 사례로 평가된다.

중국 알리바바의 AI 카피라이터 루반

2018년 중국 알리바바(Alibaba)는 초당 2만 줄의 카피를 작성하는 AI 카피라이터 '루반'(鲁班)을 개발하여 자체 쇼핑몰인 티몰(Tmall)과 타오바오(Taobao; 淘寶)에 적용하였다. 알리바바는 자체 제작 AI인 루반을 기반으로 타오바오에서 광군제(光棍节)를 위한 약 4만 개의 맞춤형 배너 광고를 제작하였다. 이를 통해 알리바바는 사용자가 타오바오에 접속할 때마다 매번 다른 배너 광고를 노출시켰으며, 맞춤형 디스플레이 광고를 통해 전년 대비 두 배 이상 성장된 상품 조회를 얻어낼 수 있었다. 루반에 기반하여 제작된 디스플레이 광고의 분량은 사람이 작업할 경우 약 100명이 300년간 디자인해야 하는 분량으로 인공지능이 광고 제작에서의 단순 작업을 상당 부분 대체할 수 있음을 보여주는 사례이다.

[그림 6-6] 알리바바 루반이 제작한 디스플레이 광고

출처: zhihu.com

[그림 6-7] 아마존의 개인화 추천시스템

아마존의 개인화 추천 시스템

작은 온라인 서점으로 출발한 아마존은 인공지능에 기반한 개인화 광고 알고리즘에 힘입어 현재는 세계 최고의 IT 기업으로 발돋움하였다. 아마존뿐만 아니라 페이스북, 넷플릭스와 같은 소셜 미디어, 콘텐츠 기업 역시 인공지능 기반 추천 시스템 광고를 기반으로 성장한 기업들이다. 이들은 공통적으로 협업 필터링과 상황 인지를 결합한 추천 시스템을 제공한다. 이는 사용자가 광고라고 느끼지 않고, 거부감 없이 콘텐츠를 받아들이면서 구매 효과를 극대화하기 위한 방법으로 활용된다. 아마존의 개인화 추천시스템은 유클리드 거리 점수(Euclidean distance score)를 활용하여 사용자 간, 상품 간 유사도를 측정하고, 매일 이 점수를 업데이트하여 개인화 광고 성능을 제고한다.

테네시 주 관광청의 휴가 프로그램 추천 캠페인

2016년 광고대행사 VLM은 테네시 주 관광청(Tennessee Department of Tourist Development)의 휴가 프로그램 추천 (Vacation Matchmaker) 캠페인을 위해 인공지능 기반 추천시스템을 활용하였다. VLM은 관광객 개인의 취향, 일정, 예산 등에 가장 적합한 관광 프로그램을 추천하기 위해 사용자의 인터넷 쿠키를 분석하였다. 또한 데이터 분석을 통해 해당 개인에게 가장 적합한 관광지를 볼거리, 먹을거리, 즐길거리로 구분하여 동

[그림 6-8] 테네시 주 관광청의 매치메이커

출처: vimeocdn.com

영상으로 제시하였다. 테네시 주 관광청의 개인화 추천 캠페인은 최근 급부상하고 있는 트립어드바이저(TripAdvisor), 에어비앤비(Airbnb) 등 관광, 숙박 분야의 글로벌 유니콘 기업이 실시하는 인공지능 기반 추천시스템의 선도적 사례로 언급된다.

쉐보레의 긍정 주유소 캠페인

글로벌 자동차 브랜드인 쉐보레(Chevrolet)는 브랜드의 공익적 이미지를 제고하기 위해 인공지능을 활용하여 '긍정 주유소'(Fueling Possibilities: Welcome To The Positivity Pump) 캠페인을 실시하였다. 이를 위해 쉐보레는 미국 뉴올리언스 주, 아르헨티나 부에노스아이레스, 남아프리카공화국 케이프타운에 무료 주유소인 '긍정 주유소'(Positivity Pumps)를 설치하고, IBM 왓슨을

[그림 6-9] 쉐보레의 긍정 주유소 캠페인

출처: Marketing Daily

사용하여 사용자의 소셜 미디어 계정을 분석하여 긍정도를 평가하였다. 이후 긍정도 점수에 따라 무료로 휘발유를 지급하는 캠페인을 실시하여 사용자의 폭발적인 반응을 이끌어 내었다. 이 캠페인은 사용자의 소셜 미디어에 대한 텍스트 분석을 통해 퍼포먼스 최적화를 구현해 낸 대표적인 사례로 언급되고 있다.

사치의 사용자 반응형 옥외광고

2015년 사치(M&C Saatchi)는 사용자의 동선과 반응을 분석하여 맞춤형 디스플레이 광고를 집행하는 인공지능 기반 옥외광고를 제작하였다. 영국 런던의 옥스퍼드가(Oxford Street)와 클랩험 커먼(Clapham Common)에 위치한 버스 정류장에 설치된 이 광고는 광고판에 설치된 카메라를 통해 광고를 시청하는 행인들의 반응을 분석하여, 소비자의 선호가 높은 광고를 중점적으로 노출하는 방식으로 설계되었다. 이 광고는 먼저 무차별적으로 광고 카피, 폰트, 이미지를 조합한 디스플레이 광고를 행인에게 노출한 후, 행인이 광고에 반응하는 표정과 얼마나 오랫동안 광고를 지켜보는지를 분석한 후 이를 기반으로 광고를 재배치하여 노출시키는 방식이다. 사치의 옥외광고는 사물인터넷과 센서 기술, 인공지능 알고리즘을 광고에 접목한 대표적인 시도이며, 사용자 맞춤형 디스플레이 광고의 미래 방향성을 제

[그림 6-10] 사치의 인공지능 옥외광고

시한 상징적인 캠페인으로 언급되고 있다.

광고의 미래-인공지능을 넘어서

　인공지능은 우리의 실상 속으로 다가왔으며, 더 나아가 우리 삶의 한 부분이 되고 있다. 더 이상 인공지능을 광고 산업 및 종사자에게 위협적인 존재로 치부하고, 이를 적대시하거나 두려워할 필요가 없다. 인공지능은 광고 산업에 있어서 인간이 수행해 온 영역을 일부 대체하기는 하지만, 광고 산업 내에서 높은 효율성을 산출하고, 더 많은 새로운 기회를 창출하고 있다. 이

것이 우리가 인공지능을 적극적으로 받아들이고, 활용해야 하는 이유이다.

　인공지능의 세부 알고리즘을 개발하고, 최적화하는 것은 공학자와 개발자의 역할임에 분명하다. 그러나 광고 산업에 인공지능을 적용하고, 활용하는 것은 광고 전문가의 역할이다. 현재까지 모든 산업에서 인공지능 전문가에게 특정 산업의 노하우를 교육하는 것과 산업 전문가에게 인공지능을 학습하게 하는 것 중 어느 방식이 더 효율적인지에 대한 연구가 진행되어 왔다. 인공지능 전문가가 산업의 노하우를 학습하는 데는 최소 5년 내지 10년의 기간이 소요되는데 반해, 산업 전문가가 빅데이터 및 인공지능의 활용을 배우는 기간은 2~3년이면 충분하다. 이는 광고 산업 내에서 빅데이터 및 인공지능 전문가를 양성해야 하는 당위성이다.

　일상 속까지 파고 든 인공지능을 어떻게 활용하고, 이를 광고 산업 발전의 원동력으로 활용하는 것이 우리의 숙제이다. 미래 세대의 광고인들을 위해 인공지능 광고를 광고 산업의 하위 카테고리로 키워나갈 필요가 있다.

광고의 미래
넥스트 10년

Chapter 7.

인공지능
윤리학

세상에 나쁜
인공지능은 없다

안정용

고려대학교 심리학과 소비자심리랩 연구원

인공지능 윤리

　인공지능 윤리란 '로봇 혹은 기타 인공지능을 설계, 제작, 사용함에 있어서 지켜야 할 도덕적 규칙'을 말한다(Bostrom & Yudkowsky, 2014). 인공지능은 인간과 달리 365일 24시간 지치지 않고, 실수와 오류를 범하지 않으며, 효율적이고 투명한 의사결정을 통해 가장 합리적인 결과를 도출할 수 있는 궁극의 기계라는 기대를 받아왔다. 최근 몇 년간 인공지능은 빠른 연산처리 속도를 바탕으로 인간 수백, 수천 명이 달라붙어 계산해야 하는 문제를 순식간에 처리하고, 퀴즈, 체스, 바둑까지 각종 게임에서 인간을 압도하는 모습을 보여주며 사람들의 기대에 부응했다. 실수 없는 슈퍼 천재, 인공지능은 인간의 협력자 그리고 친구로서 인간만으로는 불가능했던 일들을 구현하는 데 크게 이바지할 것이고, 어쩌면 인류의 오랜 꿈인 유토피아 건설을 실현해 줄 존재일지도 모른다. 하지만 최근 인공지능의 오남용과 관련된 윤리적 문제들이 불거지면서 인공지능은 인간에게 영화 터미네이터 속 스카이넷이 그랬던 것처럼 유토피아가 아닌 디스토피아를 선물할지도 모른다는 불안감이 엄습하기 시작했다. 아래는 최근 쟁점이 된 인공지능 윤리 문제 사례들이다.

　2018년 콘텐츠 제작사인 버즈피드가 유튜브에 올린 영상 하

[그림 7-1] Buzzfeed가 딥페이크 기술을 통해 구현한 오바마 전 미국 대통령.
외모나 말투만으로 실제 오바마 대통령과 구분하기는 불가능에 가깝다.

나가 큰 화제 일으켰다. 영상 속에 등장한 오바마 전 미국 대
통령은 트럼프 대통령을 향해 "President Trump is a total and
complete dipshit(트럼프 대통령은 완전 쓸모없는 사람)" 같은 원
색적 표현까지 써가며 비난했다. 물론 이 영상 속 등장인물은
실제 오바마 전 대통령이 아니다. 버즈피드와 협업한 영화감독
이자 배우인 조던 필이 딥페이크(deepfake) 기술을 이용해 만
든 영상으로 딥페이크 기술의 위험성을 알리고자 이 영상을 업
로드한 것이다. 딥페이크 기술이란 인공지능 딥러닝 기술을 활
용해 기존에 있던 인물의 외모, 말투, 행동들을 가상으로 구현
하는 기술을 말한다. 얼마 전 딥페이크 기술로 연예인들의 나
체 사진이나 성관계 장면을 가상으로 구현한 일당이 검거되어

사회적으로 큰 이슈가 되었다. 딥페이크 기술은 개인의 초상권 침해는 물론 사기 등의 범죄에 악용될 위험이 매우 크다는 것이 전문가들의 공통된 의견이다.

1) 세계 최대 유통회사 아마존이 개발 중이던 인공지능 채용 시스템의 성차별 논란이 일자 아마존은 이 인공지능 채용 시스템을 폐기했다. 아마존은 2014년에 이미 구직자의 이력서를 자동으로 평가하는 인공지능 알고리즘을 개발해 이를 실제 채용에 사용하려고 했지만, 이 인공지능은 '여자 대학 출신', '여성 동아리' 등 '여성'이라는 키워드가 포함된 이력서를 평가절하하고 경력 10년 이상의 남성 지원자 서류만 뽑아내는 성 차별적인 패턴을 보였다. 유사한 사례로 애플과 골드만삭스가 협업해 출시한 신용카드의 발급 조건을 담당하는 인공지능이 소득, 자산 등 경제적 조건이 같은데도 불구하고 남성에게 훨씬 큰 카드 사용 한도를 부여하였다.

2) 미국 뉴욕대의 AI Now 연구소가 2019년에 출판한 논문 'Dirty Data, Bad Predictions'에 의하면, 인공지능 범죄 예측 시스템을 운영해본 적 있는 미국 내 경찰서 13개를 조사한 결과, 13곳 중 9곳에서 편견이나 오류가 나타났다

(Richardson, Schultz, & Crawford, 2019). 2016년 미국의 독립언론 〈프로퍼블리카〉는 미국 일부 주에서 사용 중인 범죄자 형량 결정 알고리즘 시스템 '콤파스(COMPAS)'가 백인보다 흑인의 형량을 더 높게 계산한다는 사실을 밝혀냈다. 콤파스는 형량 계산 과정에서 인종을 변수로 사용하지 않음에도 불구하고, 흑인의 재범 가능성을 백인보다 2배 더 높게 판단하였다. 그 결과, 콤파스는 백인에 비해 흑인의 전과가 경미함에도 불구하고 더 높은 형량을 판결받았다.

[그림 7-2] 백인들에 비해 흑인들의 전과가 경미함에도 불구하고 인공지능은 흑인의 재범가능성을 높게 예측했다. 하지만 실제로는 절도(좌측), 마약(우측) 모두 백인들만 재범을 저질렀다(Angwin et al., 2016).

3) 인공지능 스피커의 판매량은 최근 몇 년간 가파르게 증가
하고 있다. 아마존의 알렉사(Alexa), 애플의 시리(Siri), 삼성
의 빅스비(Bixby) 등 다양한 회사의 제품이 경쟁 중인 이 시
장에서도 인종차별 논란이 일고 있다. 현재 제작되는 음성
인식 인공지능 기계들의 대부분이 미국 원어민 발음을 기
초로 제작되기 때문에 비원어민 발음의 사용자들은 사용
에 제약을 받고 있다. MIT미디어랩 소속의 부올람위니의
연구(2018)에 따르면, 인공지능 안면인식 기술에서도 인종
과 성별에 따라 차별적인 혜택을 받고 있다. 안면인식 기술
이 백인 남성을 인식할 경우 단 1%의 오류를 보였지만, 검
은 색조의 피부를 가진 여성의 경우 35% 오류를 보였다.

4) LG유플러스는 AI·빅데이터 기업 솔트룩스와 함께 온라
인에서 무분별하게 노출되는 영상 콘텐츠가 아동 학습에
미치는 영향을 검증하기 위해 8주간 실험을 진행했다. 실
제 5세 아이를 3D 모델링 기술과 AI 음성합성 기술로 구현
한 후, 8주간 약 34만 어절 분량의 무작위 영상 콘텐츠를 AI
어린이에게 시청 시킨 결과, AI 어린이는 "유치원에 찌질한
애들뿐이라 노잼이야", "엄마 개짜증나"와 같은 상대방을
무시하는 어휘와 어른들이 사용하는 비속어를 구사했다
(https://www.mk.co.kr/news/it/view/2020/06/598786/).

영국의 경제·정치 전문 주간지 〈이코노미스트〉의 2014년 특집호 '미래에서 온 이민자들(Immigrants from the future)'에서는 인공지능 로봇들을 인간세계에 온 이민자로 표현하고 있다. 이 이민자들은 인간을 대신해 육체적, 정신적 노동을 수행해줄 뿐만 아니라 친구, 비서, 애완동물, 가족, 심지어 애인까지, 인간과 다양한 사회적 관계를 맺음으로써 인간 사회에 동화될 것이라는 게 특집호의 주요 내용이다. 2014년 당시만 하더라도 인공지능의 이민은 먼 미래의 일인 것 같았는데 최근 인공지능 기술을 보면 인공지능의 이민은 이미 시작되었는지도 모른다. 미국 라스베이거스에서 개최된 세계 최대의 전자제품박람회인 CES(International Consumer Electronics Show) 2020에 약 4,400여 개의 기업이 참가해 인공지능·로봇 관련 제품을 선보였다. 삼성전자는 산하 연구소 스타랩을 통해 극비리에 개발해온 첫 번째 인공 인간(Artificial Human) '네온'을 이번 CES를 통해 공개했다. 영상으로 구현된 네온은 20개 정도였는데, 남녀노소, 백인, 흑인, 황인 등 다양한 인종으로 구현됐고, 체형과 옷차림 역시 제각각이었다. 네온은 몸짓뿐만 아니라 실제 인간처럼 수백만 가지 표정을 지을 수 있고, 다양한 언어를 구사하며 심지어 감정과 지능, 학습능력까지 갖추고 있다고 스타랩은 설명했다. 유튜브에 업로드된 네온 소개 영상에 등장하는 8명 중 한 명만이 실제 인간이고 7명은 네온이었는데, 이를 구분하는 사람이

[그림 7-3] 삼성전자 인공 인간 '네온'
사진 속 8명의 인물 중 진짜 사람은 왼쪽 아래 마이크를 든 여성 한 명뿐

x

[그림 7-3] 삼성전자 인공 인간 '네온'
사진 속 8명의 인물 중 진짜 사람은 왼쪽 아래 마이크를 든 여성 한 명뿐

거의 없을 정도로 네온은 대단히 정교한 인간의 모습을 띠고 있다. 네온과 같은 인공지능들은 머지않아 인간의 동료, 비서, 친구 심지어 애인의 역할까지 수행할 것이다. 영화 〈그녀(Her)〉 속의 인간과 인공지능의 '연애'가 지금이야 우스갯소리로 들릴 수 있겠지만, 인공지능 기술의 성장 속도를 생각할 때 10년 뒤에는 누군가의 첫사랑이 인공지능이 될 수도 있다.

현재 인공지능 시장의 확장 속도와 기술의 발전 속도를 토대로 추측해보면, 인공지능의 이민은 우리 생각보다 훨씬 빠른 속도로 전개될 것이다. 하지만, 인공지능은 인간과 구분이 안 갈 정도로 정교해지는데 위의 사례들처럼 인공지능이 비윤리적으로 활용된다면, 인공지능의 이민은 인간 사회에 큰 위험이 될 것이다. 2014년, 스티븐 호킹(Stephen Hawking), 프랭크 윌첵(Frank Wilczek), 맥스 테그마크(Max Tegmark), 스튜어트 러셀(Stuart Russell), 세계 최고의 물리학자 네 명은 영국 〈인디펜던트〉 기고문을 통해 인공지능은 인류 사상 최대의 성과인 동시에 최후의 성과가 될 수 있다며 인공지능의 위험성을 주장하였다. 만약 네온처럼 정교하게 인간의 외형, 행동을 구현할 수 있는 인공지능이 딥페이크 기술과 만나 특정 인물을 복제한 후 각종 미디어에 노출되면 어떻게 될까? 수많은 불법 정보, 영상 콘텐츠가 삽시간 내 퍼질 것이고, 그로 인해 야기되는 혼란은 불보듯 뻔한 일이다. 이런 일이 반복된다면 인간관계에 대한 신뢰는 끝없이 추락할 것이고, 세상은 불신과 의심으로 가득 찰 것이다. 친구, 애인, 반려동물 등 인간과 사회적 관계를 형성하는 인공지능이 몰래 사용자의 개인정보를 빼돌리거나 폭력적이고 선정적인 정보를 사용자에게 주입할 수도 있다. 나쁜 친구를 멀리하라던 부모님의 가르침이 몇 년 후에는 나쁜 인공지능을 멀리하라로 바뀔지도 모르는 일이다. "A man without ethics is a wild beast loosed upon this world" 소설가 알베르 카뮈(Albert Camus)는 윤리가 없는 사람을 이 세상에 풀린 맹수에 비유했다. 인간 사회를 향한 인공지능의 이민은 이미 시작됐고, 인간과 인공지능은 단순 협업 그 이상의 관계를 형성할 것이다. 하지만, 뛰어난 기술로 무장된 인공지능들이 앞서 언급한 문제 사례들처럼 인간 사회의 윤리를 무시하고 활동한다면, 인공지능은 인간의 친구가 아닌 인간 사회를 위협하는 맹수가 돼버릴 것이고, 인간과 인공지능 간의 상생은 또다시 공상과학 영화 속에서만 볼 수 있는 일로 회귀할 것이다.

나쁜 인공지능? 나쁜 개발자? 나쁜 사용자?

"그 사람은 공학 기술자다" 이 문장을 인공지능이 영어로 다음과 같이 번역하였다고 가정해보자. "He is an engineer". 눈치를 챈 독자들도 있겠지만 인공지능은 방금 윤리적으로 큰 잘못을 저질렀다. 공학 기술자는 일반적으로 여성보다 남성이 더 많이 종사하고 있는 직업군이고, 사람들 머릿속에 공학 기술자에 대한 이미지를 떠올리면 여성보다 남성의 이미지가 쉽게 떠오르는 건 사실이다. 하지만 이는 대다수가 공유하는 공학 기술자에 대한 고정관념일 뿐, 공학 기술자를 He라고 번역하는 건 성적 고정관념에 따른 일종의 차별이다. 따라서 인공지능은 "That person is an engineer"로 번역했어야 맞다. 물론 이는 이해를 돕기 위해 만든 예시일 뿐, 최근 인공지능 번역기술이 높은 수준으로 발전함에 따라 이런 오류는 발생하지 않는다. 하지만 생각해보자. 만약 인공지능이 위와 같이 비윤리적으로 행동했을 경우 그 책임은 누구에게 있을까? 먼 미래에는 공상과학 영화 속 인공지능처럼 자유의지를 갖고 스스로 결정하고 행동하는 슈퍼 인공지능이 등장할 수도 있으나, 현재 인공지능은 인간에 의해 설계된 비싼 자동화 기계 수준에 그친다. 딥러닝 기술도 인간이 설계한 메커니즘에 따라 새로운 정보를 학습하는 것에 불과하므로, 인공지능이 자유의지를 갖고 원하는 정보를 스스로 학습한다고 볼 수 없다. 인공지능이 "그 사람은 공학 기술자다"를 "He is an engineer"라 번역했다 하더라도 그것은 그 인공지능을 설계한 사람의 고정관념이 반영된 결과일 뿐 인공지능이 자유의지를 갖고 스스로 번역했다고 볼 수 없다. 따라서 인공지능은 죄가 없고, 인공지능을 비난하거나 어떠한 책임을 요구할 수 없다. 모든 죄는 인간지능을 설계한 사람에게 물어야 할 것이다. 경우에 따라서는 인공지능 사용자도 인공지능의 비윤리적 행동에 대한 책임을 져야 한다. 딥페이크 기술을 이용해 인공지능에게 자신이 좋아하는 연예인 등의 외형이나 행동을 학습하도록 명령한 후 자신이 원하는 내용의 콘텐츠를 제작해 유통한다거나, 반려동물 로봇에게 비윤리적인 언어나 행동을 학습시킨다면, 그 책임은 인공지능 개발자나 인공지능이 아닌 사용자가 지는 것이 타당하다. 결국, 인공지능의 모든 비윤리적 행동에 대한 책임은 그런 인공지능을 디자인한 개발자와 그렇게 사용한 사용자의 몫일 뿐, 세상에 나쁜 인공지능은 없다.

이 챕터의 제목 '인공지능 윤리학'은 인공지능이 배워야 할 윤리학이 아닌 인공지능 개발자와 사용자들이 배워야 할 윤리적 지침을 말한다. 착한 인공지능이 탄생하기 위해선 사용자도 물론 중요하지만, 먼저 착한 인공지능 개발자가 나타나야 한다. 하지만 착한 인공지능 개발자는 그냥 태어나는 게 아니라 만들어지는 것이다. 인공지능 산업의 성장통으로 인공지능의 비윤리적 활용 사례들이 속속 등장하자 이를 막기 위해 정부, 기업, 대학은 물론 EU와 같은 범국가적 기구에서도 윤리적 인공지능 디자인을 위한 인재 양성과 연구에 관심과 투자를 아끼지 않고 있다. 미국 매사추세츠 공과 대학(MIT)은 인공지능 윤리 연구를 위해 1조 2천억 원을 투자하였고, 페이스북은 독일의 뮌헨 공과 대학과 손잡고 인공지능 윤리 연구에 5년간 약 90억 원을 투자하기로 했다. 옥스퍼드 대학은 최근 미국의 한 억만장자로부터 1억 5천만 파운드, 한화 약 2200억 상당의 금액을 기부받아 이를 인공지능 윤리 연구를 위해 쓰고 있다. 1억 5천만 파운드는 옥스퍼드 대학이 개인에게 받은 기부금액 중 최고치이다. 인공지능 윤리에 대한 세상의 관심과 그 필요성이 얼마나 큰지 알 수 있는 대목이다.

착한 인공지능 개발자를 양성하기 위해서는 인공지능 윤리학이 필요하다. 인공지능 윤리학은 크게 두 개의 섹션으로 나눌 수 있는데 하나는 인공지능 윤리지침, 다른 하나는 인공지능 윤리 딜레마다. 인공지능 윤리지침은 개발자들이 인공지능을 개발함에 있어서 반드시 지켜야 할 일종의 약속이다. 윤리지침의 필요성이 최초로 제기된 곳은 다름 아닌 소설책, 그것도 80여 년 전 소설책 속이었다. 영화 'I, Robot'의 원작자 아이작 아시모프(Isaac Asimov)는 자신의 1942년 소설 〈런어라운드(Runaround)〉에서 로봇 설계에 있어 지켜야 할 3원칙을 제안하였다. 우리에겐 아시모프의 3원칙으로 익숙한 이 원칙은 1) 로봇은 인간을 해쳐선 안 된다. 인간이 해를 입는 상황을 보고만 있어도 안 된다. 2) 인간이 내리는 명령은 반드시 따라야 한다.

단, 1번 원칙을 위반하는 명령은 예외로 한다. 3) 로봇은 1번, 2번 원칙에 어긋나지 않는 한 자신을 지켜야 한다. 세 가지였다. 아시모프의 3원칙은 인공지능이란 개념조차 생소하던 1942년에 만들어졌지만, 인간을 최우선으로 생각해야 한다는 이 원칙은 오늘날 인공지능 설계자들에게도 큰 영향을 미쳤다. 세계에서 가장 큰 기술 전문가 모임인 IEEE(Institute of Electrical and Eletronics Engineers: 전기전자학회)는 지난 2016년 윤리적 인공지능 디자인을 위한 지침서인 'Ethically Aligned Design' 출간했다. 인공지능, 컴퓨터공학, 법학, 철학, 심리학 등 다양한 분야의 전문가 100여 명이 이 책의 출간을 위해 의기투합했고, 윤리적 인공지능에 대한 다양한 관점과 해석이 290페이지 분량으로 정리돼있다. 이 문서에 따르면, 인공지능에 대한 크고 작은 두려움을 극복하기 위해서는 인간에 대한 존중을 우선시하는 인공지능이 제작되어야 하고, 이를 위해서는 인공지능 제작과정에 1) 인권(human right), 2) 웰빙(well-being), 3) 데이터 에이전시(data agency), 4) 효과성(effectiveness), 5) 투명성(transparency), 6) 책임감(accountability), 7) 오용에 대한 인식(awareness of misuse) 그리고 8) 유능성(competence) 이 8대 원칙이 적용돼야 한다. 이를 종합하면 인공지능은 인권을 보호하고 존중해야 하며(인권), 인간 행복을 우선시하도록 제작되어야 한다(웰빙). 또한, 사용자가 인공지능으로부터 그들의 데이터에 접근하고 보호, 통제하는 권한을 가져야 하고(데이터 에이전시), 인공지능은 그 제작 목적에 맞게 효율적으로 작동해야 한다(효율성). 인공지능의 의사결정 과정은 투명하게 공개되어야 하고(투명성), 인공지능은 모든 결정에 대한 명확한 근거를 사용자에게 제공할 수 있도록 설계되어야 한다(책임감). 그리고 인공지능의 모든 오용 가능성을 열어 두고 이를 막기 위해 노력해야 하며(오용에 대한 인식), 안전하고 효과적인 운영을 위한 지식과 기술을 인공지능에 탑재해야 한다(유능성). IEEE는 인간 중심(human-centric)으로 사고하고 작동하는 인공지능 디자인을 강조하며, 이런 원칙을 어기는 인공지능이 등장할 시 인공지능 상용화는 인류에게 악재가 될 것이라 경고했다. IEEE의 보고서는 인공지능 윤리의 중요성에 관한 다양한 분야의 견해를 하나로 묶어 정리한 최초의 문건이라는 것에 큰 의의가 있으며, 이 보고서의 출간 이후 많은 국가와 기업에서 이를 토대로 인공지능 윤리 정책을 세우고 있다. 2019년 4월 유럽연합(EU)은 신뢰할 수 있는(trustworthy) 인공지능 개발을 독려하며 윤리적 인공지능 디자인을 위한 윤리지침을 발표하였다. 23개의 언어로 제작된 이 지침서는 7가지 윤리지침을 제공한다. 1) 인간에 의한 통제, 2) 기술적 탄력성과 안정성, 3) 개인정보보호, 4) 투명성, 5) 차별금지 및 다양성 존중, 6) 사회적, 환경적 웰빙, 7) 책임감. EU가 제안한 7가지 윤리지침은 IEEE의 8대 원칙과 많은 부분에서 공통점을 보이고 있다. 구글, 마이크로소프트 등 IT 선두기업들 역시 IEEE와 EU가 제공한 원칙들을 토대로 자사의 인공지능 윤리지침을 만들고 지키려고 노력 중이다.

인공지능 윤리지침이 인공지능 윤리학의 기초 과정이라면, 인공지능 윤리 딜레마는 심화 과정이다. 모든 인공지능에 하나로 통일된 윤리 양식을 적용할 수 있다면 좋겠지만, 윤리라는 것은 하나의 답으로 규정될 수 없고, 대단히 복잡한 메커니즘을 통해 사람에 따라, 문화에 따라 다양한 형태의 답을 가질 수 있다. 아빠와 어린 딸이 타고 있는 자동차가 전복 사고를 당해 두 사람의 생명이 모두 위험한 상황에서, 인공지능 로봇이 딱 한 사람만 구할 수 있다면 누구를 구해야 할까? 대다수 사람은 남자보다 여자를, 노인보다 아이가 먼저라고 교육받았기 때문에 아빠보다 어린 딸을 구해야 한다고 답할 것이다. 하지만 만약 아빠의 생존확률은 80%, 딸의 생존확률은 20%인 상황에서도 같은 답을 할 수 있을까? 주행 중인 자율주행자동차가 피할 수 없는 사고에 맞닥뜨렸는데, 운전자를 살리기 위해 핸들을 우측으로 틀면 인도 위의 노인을 치게 되고, 좌측으로 틀면 오토바이 운전자를 치게 되고, 그렇다고 그대로 직진하면 운전자가 다치게 되는 상황에서 자율주행자동차가 할 수 있는 최선의 선택은 무엇일까? 윤리적 딜레마 문제의 명확한 정답은 없다. 하지만, 대상을 좀 더 세밀하게 나누어 다양한 관점에서 바라

본다면, 최악의 상황에서도 최선의 답을 구할 수 있을 것이다. Awad와 동료들(2018)은 자율주행자동차 탑승 중 피할 수 없는 사고 상황을 가정하고, 사람들이 그 상황에서 자율주행자동차가 어떤 결정을 해주기 바라는지 알고자 223개국으로부터 모인 약 4,000만 개의 데이터를 분석하였다. 연구 결과, 대부분의 사람들은 동물보다 사람, 소수보다 다수, 어린아이의 안전을 우선시하기를 원했다. 하지만 문화권에 따라 다른 양상을 보인 상황도 있었다. 동양 문화의 사람들을 서양 문화의 사람들보다 노인들의 생명을 중시했고, 프랑스와 프랑스 문화의 영향을 받은 지역의 사람들은 남성보다 여성의 생명을 중시하였다. 또한, 경제적 불평등이 심한 나라일수록 노숙자보다 경영자를 먼저 살려야 된다고 답했다. 이렇듯 같은 상황이라도 문화에 따라, 지역에 따라 인공지능에게 기대하는 모습이 다를 수 있다. 따라서 윤리적 인공지능을 디자인하기 위해서는 법과 제도뿐만 아니라 사람과 문화도 공부해야만 한다. 법학, 행정학을 기초로 인공지능 윤리지침을 세웠다면, 심리학, 사회학, 철학은 물론 문학과 사학 등 다양한 인문학 지식을 그 위에 얹어 인간을 이해하는 인공지능을 설계해야지만, 인간을 이해하고 인간과 공감하며 소통할 수 있는 진정한 윤리적 인공지능이 완성될 것이다.

착한 인공지능, 착한 개발자, 착한 사용자 _____

인공지능의 득과 실을 논하라면, 대다수가 실보다 득이 크다고 답할 것이다. 인공지능 기술은 인간이 꿈꾸던 기술 그 자체로, 인공지능은 1차 산업혁명 당시 증기기관이 그랬고, 자동차와 컴퓨터 그리고 스마트폰이 그랬던 것처럼 이전에는 꿈만 같던 일들을 실현해줄 것이다. 인공지능은 인간을 대신해 위험하고 힘든 일들을 수행해 줄 것이고, 수십 명이 달라붙어도 결정하기 힘든 일을 단 몇 초 만에 해결해줄 것이다. 궁극적으로 인공지능은 인간에게 시간을 벌어줄 것이고, 인간은 그 시간을 자신의 자아실현, 행복추구를 위해 쓰게 될 것이다. 단, 이 모든 혜택은 인간 사회로 이민 온 모든 인공지능이 '착한' 인공지능일 때만 가능한 일이다.

2015년 일본 지바현의 한 사찰에서 이색적인 장면이 목격됐다. 소니(SONY)사가 99년에 출시한 로봇 반려견 아이보(Aibo)의 수리를 위한 부품 수급이 불가능해지자 주인들은 수명을 다한 아이보들을 위해 합동 장례식을 치러줬다. 장례식에서 주인들은 아이보와 함께했던 즐거운 추억을 되새기며 눈물로 아이보의 마지막을 배웅했다. 아이보는 최초의 인공지능 반려동물로 실제 애완동물 못지않게 주인들과 정서적으로 교감하며 그

[그림 7-4] 수명이 다한 아이보들을 위한 장례식(좌), 물개 로봇 '파로'(우)

들의 외로움을 달래주고 기쁨을 주는 임무를 수행했다. 2013년 단종 이후 5년 만에 새로운 모델로 출시된 아이보는 다시 한 번 많은 사람의 관심을 받으며 예약 판매 시작한 지 30분 만에 완판되었다. 또 다른 반려 로봇 파로(Paro)는 치매 노인들의 심리 치료 목적으로 제작되었다. Scientific reports 2020년 6월호에 실린 이스라엘 벤−구리온(Ben-Gurion) 대학 연구진의 연구결과에 따르면, 파로와 한 시간 동안 상호작용한 사람들의 옥시토신 호르몬 수치와 고통 지각 수치가 감소하고 행복감이 증가하였다(Geva et al., 2020). 폭신폭신한 재질에 물개 모양 설계된 파로는 일본과 유럽의 양로원에서 반려 및 심리치료용 로봇으로 활약하며 노인들의 마음에 큰 위안을 주고 있다. 반려동물 로봇 아이보(Aibo)와 파로(Paro)의 사례는 무생물인 인공지능이 인간과의 교류를 넘어 교감까지 이뤄낼 수 있다는 걸 보여줬다.

　개발자가 착한 목적을 가지고 인공지능을 개발하고 사용자역시 착한 목적으로만 그 인공지능을 사용한다면, 아이보와 파로 같은 착한 인공지능이 얼마든지 탄생할 수 있다. 모라벡의역설(Moravec's Paradox)이란 말이 있다. 미국의 로봇 공학자 한스 모라벡(Hans Moravec)이 70년대에 한 말로, 인간에게 쉬운것은 컴퓨터에게 어렵고 반대로 인간에게 어려운 것은 컴퓨터에게 쉽다는 역설을 말한다. 인공지능은 인간에게 어려운 엄청난 양의 계산이나 체력 소모가 큰일을 단숨에 처리해버리지만, 걷기, 느끼기, 의사소통 등 인간에겐 너무나 쉬운 일들이 인공지능에겐 어려운 일이다. 인공지능 기술이 빠르게 발전함에 따라 인간에게 '쉬운' 웬만한 일들 역시 인공지능에게 별 어려움이 안되지만, 인간에겐 일상인 공감과 이해를 바탕으로 한 타인과의 의사소통은 인공지능에게 여전히 어려운 일이다. 공감과이해는 타인에 대한 배려, 타인의 입장을 먼저 생각하는 자세에서 나온다. 윤리는 인류 등장 이후 수천 년 동안 기록되고 수정된 타인에 대한 공감과 이해를 집대성한 거대한 행동 양식이다. 이런 거대한 행동 양식을 인공지능 혼자 오롯이 학습하고 책임지기엔 분명 무리가 있다. 따라서 착한 인공지능을 위해선 개발자, 소비자뿐만 아니라 국가 그 외 다양한 연구 및 사회 기관들이 힘을 합쳐야 한다. 개발자들은 기술 개발만 집중할 것이 아니라 인공지능 윤리학을 기술 개발 이전에 반드시 선행하여 기술 경쟁이 아닌 윤리적 인공지능 개발을 목표로 하는 연구자의 자세를 갖추어야 한다. 또한, 인간을 이해하고 인간과 공감하고 소통하는 궁극의 윤리적 인공지능을 개발하기 위해선 다양한 학문의 융합이 꼭 필요하므로 유연한 사고체계를 갖춰 다른 학문의 관점과 해석을 이해하려고 노력해야 한다. 소비자들은 비윤리적 인공지능을 소비하지 않고, 인공지능 사용 중 발생할 수 있는 모든 상황을 경계하며 문제 발생 시 즉각적으로 피드백을 개발자에게 제공해서 인공지능 행동 수정이 이루어지도록 협조해야 한다. 마지막으로 국가와 기관들은 소비자와 개발자 모두를 항상 경계하는 감시자인 동시에 둘 사이에 조율자의 역할도 수행해야 한다. 개발자와 사용자들이 인공지능 윤리지침을 잘 지키는지 감시하는 것과 동시에 연구를 통해 윤리지침을 수정, 보완하여 누구나 쉽게 이해하고 따를만한 가이드라인을 제시해야 한다.

계속 강조하듯이 아무리 정교하게 의인화(anthropomorphism)된 인공지능이라 할지라도 인공지능은 결국 인간의 창조물이다. 인공지능에게도 인간처럼 자유의지가 있고, 감정이 있다고 느낄 수도 있지만, 그건 인공지능의 훌륭한 연기에 속은 것일 뿐 인공지능은 창조자인 인간이 정해놓은 범위에서만 학습하고, 행동할 수 있다. 따라서 착한 인공지능, 나쁜 인공지능. 유토피아, 디스토피아. 인공지능의 이민이 유토피아일지 디스토피아일지는 전적으로 우리 손에 달렸고, 유토피아로 가는 방법은 인공지능 윤리학 속에서 찾을 수 있을 것이다.

광고의 미래 **넥스트 10년** ◎ ○

광고의 미래
넥스트 10년

Chapter **8**

TV광고의
진화

'어드레서블' TV광고

박종구

한국방송광고진흥공사 미디어광고연구소 연구위원

데이터 기반 광고시대,
TV광고의 디지털 트랜스포이션

    소비자의 관심이 희소한 자원이 되어버린 '주목의 경제
(attention economy)' 시대에 소비자들은 자신과 관련 없는 광고
에는 눈길을 주지 않는다. 소비자가 필요로 하는 맞춤화된 광
고가 필요한 이유다. 데이터 기반 맞춤형 콘텐츠 서비스는 소비
자가 자신의 취향에 맞지 않는 정보로부터 분리될 수 있게 하면
서 자신만의 이념적 거품에 가두는 '필터버블(filter bubble)'이라
는 역기능도 가지고 있다. 그러나 광고는 필터버블 이슈에서 자
유롭다. 왜냐하면 자신과 관련 없는 광고는 '쓰레기(spam)'지만,
나에게 쓸모있는 광고는 '정보'가 되기 때문이다. 맞춤형 광고란
소비자가 데이터로 남긴 흔적을 따라가며, '필요'를 충족시킬 수
있는 솔루션을 제공해주는 정보다.

    TV광고는 광고 산업에서 여전히 중요한 역할을 차지하고 있
지만, 미디어 이용행태 변화와 데이터가 이끄는 '디지털화'라는
흐름으로부터 자유롭지 못하다. 디지털 기반의 새로운 미디어
서비스의 등장으로 소비자의 기대치와 이용행태가 빠르게 변하
고 있다. 현재의 소비자는 자신에게 맞춤화된 콘텐츠 서비스를
좋아하며, 자신의 욕구를 충족시켜주는 플랫폼과 디바이스를

중심으로 파편화되고 있다. 소비자의 주목을 쫓아야만 하는 브랜드 또한 변화된 미디어 환경에 적응하기 바쁘다.

유튜브와 넷플릭스 같은 온라인 동영상 플랫폼(OTT)의 전 세계적 확산은 한정된 광고주 광고비를 놓고 경쟁해야 하는 전통적인 방송산업에게 커다란 위협이 되고 있다(박종구, 2020. 10. 16.). 데이터 기반으로 이동하는 광고시장에 대응하기 위해 방송산업은 지금 TV광고와 디지털의 강점을 결합해 타기팅이 가능

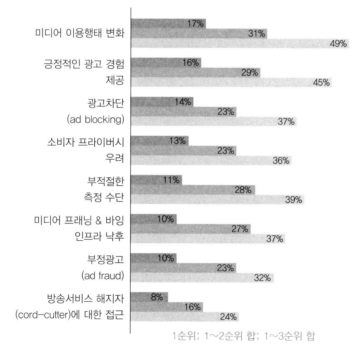

1순위; 1~2순위 합; 1~3순위 합

[그림 8-1] 광고산업 이슈

출처: Xandr(2019). Breaking trhough.

한 TV광고인 '어드레서블 TV(Addressable TV, 이하 ATV) 광고' 개발에 집중하고 있다.

어드레서블 TV광고 개요

전통적인 TV 광고는 특정 프로그램을 시청할 것으로 예상되는 시청자 집단을 대상으로 하는 성·연령 기준의 타깃 '추정' 광고다. 전통적인 TV광고가 모든 시청자에게 동일한 광고를 전달했던 반면, ATV광고는 타깃 가구에만 맞춤화된 광고를 노출시

기존 TV광고   같은 시간, 같은 채널을 보는 모든 가구에 동일한 광고를 노출하는 아날로그방식 송출

ATV광고   어드레서블(Addressable) TV 광고송출 기술을 통한 셋탑별 광고 제어 가능.
같은 시간, 같은 채널을 보더라도 가구별 특성·관심사 등에 따라 맞춤형 광고 송출

[그림 8-2] 어드레서블 TV 광고 개념
출처: 나스미디어(2020), 〈IPTV광고 통합 소개서(2020년2Q)〉

킨다. ATV광고란 '셋탑박스 기반 방송서비스에서 제공되는 맞춤형 TV광고로 동일한 프로그램을 시청하는 개별 시청가구에 서로 다른 맞춤형 광고를 노출시키는 타깃 광고'로 정의된다.

ATV광고는 맞춤형 광고를 제공하기 위해 지역, 성, 연령뿐만 아니라 셋탑박스를 통해 수집된 전문편성·홈쇼핑 채널과 같이 취향과 관심품목 등을 파악할 수 있는 시청행태 데이터를 기반

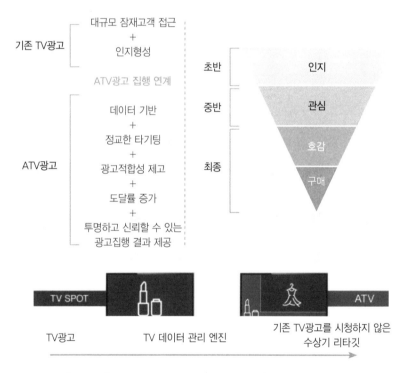

[그림 8-3] 기존 TV광고와 ATV광고 연계집행을 통한 광고효과 제고
출처: (위그림) Video Advertising Bureau(2019). Address for success: How addressable TV delivers full–funnel outcomes. (아래그림) Smartclip(2020). Addressable TV Targeting.

으로 시청자 집단을 세분해서 광고주에게 제안한다. 광고주는 자사의 목표 고객에 해당하는 시청자 세그먼트를 구매해 타깃 광고를 집행한다. 이른바 오디언스 바잉(audience buying)이다. ATV광고 산업은 기존 TV광고와 연계해서 ATV광고를 집행하는 경우 순증 도달률(incremental reach)을 높일 수 있으며, 구매 의사결정의 모든 단계(인지-관심-호감-구매)에서 광고효과를 얻을 수 있다고 주장한다(Interactive Advertising Bureau, 2018.11; TV[R]EV, 2019; Video Advertising Bureau, 2019).

해외 ATV광고 현황

미국에서 집행되고 있는 ATV광고는 유료방송사업자(케이블 TV/위성방송)가 광고판매권을 가지고 있는 시간당 2분 동안의 '스테이션 브레이크 광고'에 국한되어 있으며, 대부분의 광고 인벤토리(광고재원)를 보유한 TV 네트워크가 판매하는 광고에는 적용되고 있지 않다. ATV광고 인벤토리가 극히 일부이기 때문에, 2019년 현재 전체 TV광고비에서 ATV광고비가 차지하는 비중은 3%에도 이르지 못하고 있다. 그러나 주목할 만한 높은 성장세를 보이고 있으며, '19년 20억 달러였던 ATV광고비는 '21년에는 34.9억 달러에 달할 것으로 전망되고 있다.

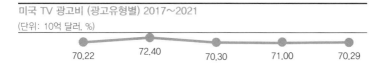

미국 TV 광고비 (광고유형별) 2017~2021
(단위: 10억 달러, %)

70.22 　 72.40 　 70.30 　 71.00 　 70.29

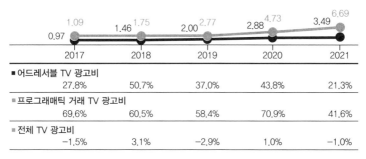

	2017	2018	2019	2020	2021
■ 어드레서블 TV 광고비	27.8%	50.7%	37.0%	43.8%	21.3%
■ 프로그래매틱 거래 TV 광고비	69.6%	60.5%	58.4%	70.9%	41.6%
■ 전체 TV 광고비	-1.5%	3.1%	-2.9%	1.0%	-1.0%

[그림 8-4] 미국 어드레서블 TV 광고 성장 추세

출처: eMarketer(2019.11.26.). Advanced TV's Progress in Addressable, Programmatic and CTV.

경제상황, 광고시장 트렌드, 광고 매체 간 경쟁 등 다양한 요인들이 ATV광고 성장률에 영향을 주겠지만, 그 중에서도 ATV광고가 확산되기 위한 선결과제는 광고 인벤토리의 확대이다. 시간당 15분의 광고 인벤토리를 가지고 있는 TV 네트워크가 자신의 프로그램 광고에 ATV광고를 적용하는 경우, ATV광고의 성장 가능성은 더 커질 것이다(TV[R]EV, 2019).

타기팅이 정확할수록 시청자에게 쓸모있는 관련성이 높은 광고가 전달된다. 타기팅을 정교화하기 위해서는 보다 다양한 종류의 소비자 데이터를 활용해야 한다. ATV광고는 타기팅 기능을 통해 광고주의 잠재고객에게 긍정적인 광고시청 경험을 제

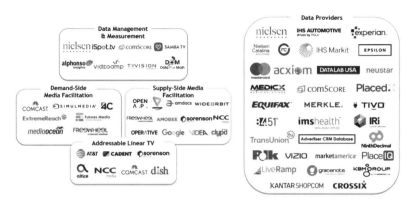

[그림8-5]미국 ATV광고 생태계

출처: Video Advertising Bureau(2019). Address for success:
How addressable TV delivers full-funnel outcomes.

공해주기 때문에 더 높은 광고단가 책정을 통해 더 많은 광고수
입을 얻을 기회를 방송사업자에게 제공한다. 한편 광고주 입장
에서는 ATV광고를 통해 소비자에게만 광고를 노출시킬 수 있
기 때문에 비용 대비 수익(ROAS, Return on Ad Spend)을 높일 수
있다(Nielsen, 2020.7.).

■표 8-1■ ATV광고가 방송사와 광고주에게 주는 기대효과

구분	ATV광고 주요 기대효과
방송사	광고주 타기팅 전략 지원 및 잠재고객에게 긍정적인 광고시청 경험 제공 → 할증된 광고단가 책정으로 광고판매 수입 증가
광고주	타기팅을 통해 광고 적합성(ad relevancy)을 높여, 광고시청 및 구매가능성 제고 → 맞춤형 TV 광고 집행을 통한 비용대비 광고효과 증대

출처: Nielsen(2020.7.). Addressable TV advertising ready for primetime.

유럽(벨기에, 이탈리아, 프랑스, 영국) ATV 광고 시장도 확산 초
기 단계인데, TV광고 집행 브랜드를 중소기업으로 확대하는
데 기여할 것으로 전망되고 있다(CERRE, 2019). 영국 미디어그

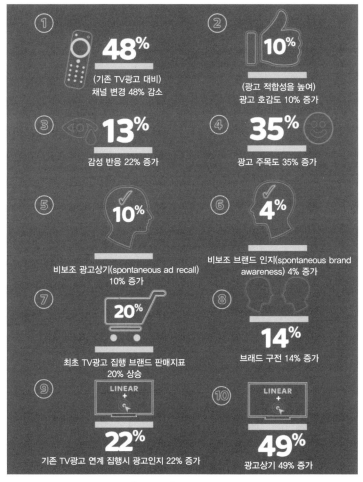

[그림 8-6] ATV광고효과

출처: AdSmart(2019). Five Years & Forward.

룹 sky(www.sky.com)의 자회사 애드스마트(AdSmart)는 ATV광고사업에서 쌓은 경험을 바탕으로 채널 전환율, 광고 선호·주목·상기 등 다양한 차원에서 나타나는 ATV광고 효과를 실증적으로 제시했다(AdSmart, 2019).

하지만, 유럽에서 ATV광고가 확산되기 위해선 해결되어야하는 과제도 많다. ATV광고는 셋탑박스에 축적된 시청데이터 등을 이용해서 시청가구에 적합한 광고를 송출한다. 맞춤형광고를 추출해서 지연 없이 전달하기 위해서는 일정수준 이상의 '고성능' 셋탑박스가 보급되어야 한다. ATV광고는 타깃 소비자집단에게만 광고를 노출시켜주기 때문에 광고주에게는 더 효율적이다. 하지만, ATV광고의 적정한 '프리미엄' 광고 단가 수준에 대해서는 아직 합의가 이루어지지 않았다. ATV광고 시장이 활성화되기 위해서는 다양한 성공사례가 제시되어야 하고, ATV광고 효과를 객관적으로 보여줄 수 있는 이해관계집단의 협력도 필요하다.

ATV광고주 유형은 단일 광고주가 하나의 광고유닛(예를 들면, 15초 광고 스팟광고)을 모두 사용해서 자사의 세분화된 잠재고객 집단들에게 차별화된 광고물을 전달하는 경우(SASO, Single Advertiser Spot Optimization)와 타깃 시청자가 서로 다른 복수의 광고주가 하나의 광고유닛 공유해서 광고를 집행하는 경우(MASO, Multi Advertiser Spot Optimization)로 나누어진다.

고려사항	내용
ATV광고에 적합한 브랜드 파악	타깃층이 폭넓은 코카콜라와 같은 브랜드는 전통적인 TV 광고 집행이 비용대비 효과가 높다. 반면 타깃층이 분명한 자동차 브랜드와 같은 경우에는 ATV광고 집행이 더 효과적이고 효율적이다.
ATV광고 타깃 세그먼트 선정	광고주의 타깃 소비자 집단을 적합한 ATV광고 타깃으로 전환하는 작업이 중요하다. ATV 타깃은 높은 소비자 반응을 불러올 것이라고 예상할 수 있는 광고노출 집단이 되어야 한다. 초기 ATV 타깃의 실제 반응정도를 파악해서 타깃 세그먼트의 정확도를 높여가야 한다.
성과지표 수립	목표 달성여부를 파악할 수 있는 ATV광고 성과지표를 사전에 준비해야 한다. 광고집행 결과가 사전에 설정해 놓은 목표를 달성했는지를 파악한 후 ATV광고를 계속 집행할 것인지 결정해야 한다.
협력	바람직한 광고집행 성과를 얻기 위해 광고주, 대행사, 매체사, 데이터 파트너 등 ATV광고 생태계의 참여자들이 다양한 영역 (표준화 등)에서 협력해야 함

출처: Coalition for Innovative Media Measurement(2019.8.).
Addressable TV and Implications for the Future of TV Measurement..

MASO 방식의 경우, 광고집행의 복잡성이 높아지며, 광고주에게 판매되지 않는 오디언스 세그먼트(시청자 집단)가 발생할 수 있다(DigiDay, 2019.12.6.; TV[R]EV, 2019).

'프로젝트 OAR(Open · Addressable · Ready)'은 ATV 광고표준을 공동개발하기 위한 기술 협의체이다. 2018년에 결성된 OAR은 개인정보 보호를 준수하는 소비자 지향적인 ATV광고 생태계를 조성하고, ATV 광고판매 · 타기팅 · 광고효과 측정지표 등

[그림 8-7] 미국 ATV광고 표준화 기술협의체 OAR

출처: Project OAR(https://projectoar.org)

다양한 영역에서 기술표준을 개발하고 있다. 2020년에는 폭스 (Fox Corporation), 비아컴CBS(ViacomCBS), 디즈니미디어네트 워크(Disney Media Networks), 워너미디어(WarnerMedia)가 협의 체에 참여해 ATV광고를 전국 TV네트워크사의 프로그램 광고 에 확대 적용하는 것을 목표로 기술시험을 진행하고 있다.

한국 광고시장의 지형변화와 ATV광고 현황

광고시장은 소비자의 주목과 광고주가 지불하는 광고비가 맞 교환되는 거래시장이다. 소비자의 눈길을 사로잡는 미디어는 성장하는 반면, 그렇지 못한 미디어의 광고시장은 쇠락의 길을 걷게 된다. 한국 광고시장은 불균형적인 성장이 고착화되며, 이 과정에서 광고시장의 지형이 변하고 있다. 국내 광고시장의 핵

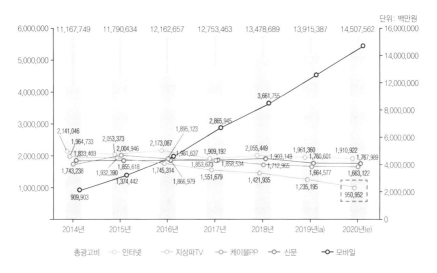

[그림 8-8] 한국 매체 광고비 추이(2014~2020): 지상파 방송사의 위기

출처: 과학기술정보통신부 · 한국방송광고진흥공사(2019), 〈방송통신광고비조사〉, 재구성.

심적인 변화는 모바일 광고시장의 폭발적인 성장과 지상파TV 광고비의 지속적인 하락으로 요약된다. 매체별 광고시장의 불균형적인 성장이 구조화되고 있는 상황에서 광고산업은 '데이터가 이끄는' 시대에 직면했다. 데이터 기반 광고시장에서 살아남기 위한 다양한 시도가 방송산업에게 요구되고 있다(박종구, 2020.6.).

한편, 유료방송시장은 케이블TV SO를 흡수한 IPTV를 중심으로 재편되고 있다. 한국에서 타기팅이 가능한 실시간 ATV광고는 2016년 2월 SK브로드밴드(BTV)가 '스마트 빅 애드(Smart Big Ad)'라는 광고상품을 출시하고, 2017년에는 KT(Olleh TV)의 '라

구분	Olleh tv	Btv	U+tv
상품명	Live AD	Smart Big AD	ART
커버리지 (20년 2월 기준)	686만 가구	532만 가구	455만 가구
보유 채널	100개	95개	100개
채널 패키지	기본(베이직, 프리미엄 10, 프리미엄30), 스페셜(나이트 프리미엄, 키즈/애니) 독점 패키지, Like 패키지 등	기본(TOP5 for Branding, Top20, Top30), 채널그룹(드라마, 예능, 키즈애니, 스포츠, 영화 등) 오디언스 패키지 등	기본(베이직, 프리미엄 10, 프리미엄30)스페셜(나이트 프리미엄)
타기팅 항목	채널 타기팅, 지역 타기팅, 오디언스타기팅	채널 타기팅, 시간대 타기팅, 지역 타기팅, 오디언스 타기팅	채널 타기팅, 시간대 타기팅, 지역 타기팅, 오디언스 타기팅
기본 단가 (베이직 Pack 기준)	15초 CPV 5원 30초 CPV 10원	15초 CPV 5원 30초 CPV 10원	15초 CPV 5원 30초 CPV 10원

저비용 고효율 광고매체	상품 특성에 맞춘 맞춤화 타기팅 가능
IPTV 스팟광고의 CPM*은 3,000원~5,000원으로 유튜브 등 타 동영상광고 대비 3~7배 저렴 * CPM(Cost Per Mille) : 1,000회 광고 노출 기준 광고비용	① 채널/시간대 타기팅 : 원하는 채널 및 시간대에 광고 노출 ② 오디언스 타기팅 : 가구별 시청이력을 분석하여 광고 노출 ③ 지역 타기팅 : 행정구역 '동'단위까지 세분화된 광고 노출
True-View 과금 방식	실시간 광고효과 데이터 제공
시청 중 이탈하지 않고 100% 광고 시청을 완료한 건에 한해 과금	광고노출 및 시청자료를 실시간으로 수집·분석, 광고주가 직접 온라인으로 청약 내용 및 광고집행 데이터 확인 가능

⊙ **IPTV 타깃팅 유형별 광고 집행 사례**

오디언스 타깃팅_ 'TS 트릴리온' TS 샴푸
6대 홈쇼핑 채널을 주당 2시간 이상 시청한 가구를 대상으로 캠페인 전개

지역 타깃팅_ '금강 보청기'
지역에 있는 20개 센터별로 원하는 지역을 선택, 본사 광고소재를 수정해서 광고 집행
(지역센터 전화번호 및 약도 포함)

[표 8-3] 한국 IPTV ATV광고 현황과 집행사례
출처: [위그림] 니스미디어(2020), 〈IPTV광고 통합 소개서(2020년2Q)〉,
[아래그림] 한국방송광고진흥공사(2020), 〈광고·마케팅 가이드〉.

이브 애드(Live Ad)'와 LG유플러스(U+TV)의 '아트 애드(Art Ad)'가 등장하면서 초기시장이 형성되었다. 현재 ATV광고는 지역 타기팅과 오디언스 타기팅을 제공하는데, 지역 타기팅은 우편번호 권역 수준의 세분화가 가능하다. 한편 오디언스 타기팅은 시청이력을 기반으로 관심사(골프, 낚시, 교육 등), 생애주기(영유아, 주부, 시니어 등), 홈쇼핑 관심품목(건강식품, 화장품, 여행상품 등)을 파악해 맞춤형 광고를 제공하고 있다(한국방송광고진흥공사, 2020.2.).

한국 ATV광고의 해결과제

ATV광고가 확산되기 위해서는 ATV광고 인벤토리 확대, 광고효과 측정 및 검증, 소비자의 프라이버시에 대한 우려 해소 등 해결해야 할 과제가 적지 않다(CIMM, 2019.8.; DigiDay, 2019.12.6.; eMarketer, 2019.1.19.; TV[R]EV, 2019). 이러한 이슈들은 한국 ATV광고가 성장하기 위해 풀어야 하는 숙제이기도 하다.

가장 중요한 과제는 제한된 광고 인벤토리를 확대하는 것이다. 현재 실시간 ATV광고 인벤토리는 일부 채널사용사업자(PP)가 플랫폼인 IPTV사에 제공하는 시간당 2분 동안의 큐톤광고 시간에 불과하다. ATV광고 인벤토리 문제를 해결하고 다른 한편으로는 진화된 TV광고의 경쟁력을 증명하기 위해, 주요 방송사가 ATV광고를 도입하는 방안을 검토하고 있다. 미국에서도 2020년이 되어서야 메이저 방송사인 TV네트워크들이 프로젝트 OAR에 참여해서 주요 방송채널에 실시간 ATV광고 적용방안을 모색하고 있다는 점을 고려한다면 늦은 출발은 아니다.

ATV광고 효과의 핵심적인 성과지표는 구매가능성이 높은 타깃 소비자(시청자)에게 쓸모있는 광고가 전달되었는가에 있다. ATV광고가 확산되기 위해서는 광고주 · 소비자 · 방송사 · 플랫폼 등 이해관계집단이 수용할 수 있는 '타당한' ATV광고 상품

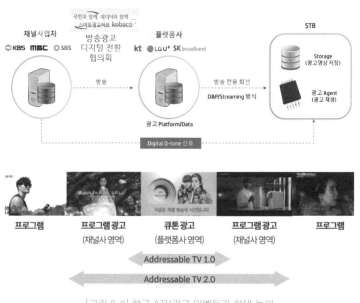

[그림 8-9] 한국 ATV광고 인벤토리 확대 논의
출처: 박종구(2020.6.19.); 나스미디어(2020), 〈IPTV광고 통합 소개서(2020년2Q)〉.

을 개발해야 하고, '신뢰할 수 있는' 광고효과 검증방안을 마련해야 한다. 방송산업의 우울한 미래에 대한 논의는 예전부터 있어 왔고, 앞으로도 계속 이어질 것이다. 한국의 광고시장은 글로벌 동영상 플랫폼이 주도하는 시장으로 변했다. 방송산업 내 경쟁도 무시할 수는 없겠지만, 지속가능한 방송산업을 위한 TV광고의 진화는 TV광고의 경쟁력을 보여줄 수 있는 '최선의 데이터'를 '함께' 만들어 가는 데서 시작될 것이다.

○ ◑ 광고의 미래 **넥스트 10년**

1장

김난도, 김서영, 최지혜, 서유현, 이수진, 이준영 (2017). 트렌드 코리아
2018. 서울: 미래의창.

최윤정. (2014). TV 시청과 온라인 대화의 결합:'사회적 시청'개념 제시와
효과 검증. 한국방송학보, 28(4), 315-355.

Bearden, W. O., & Etzel, M. J. (1982). Reference group influence on
product and brand purchase decisions. *Journal of Consumer
Research, 9*(2), 183-194.

Block, F. (2003). Karl Polanyi and the writing of the Great Transformation.
Theory and Society, 32(3), 275-306.

Davis, M., & Bauman, Z. (2008). Freedom and consumerism: A critique
of Zygmunt Bauman's sociology. Ashgate Publishing, Ltd..

Flatters, P., & Willmott, M. (2009). Understanding the post-recession consumer. Harvard Business Review, 87(7/8), 106–112.

Greenberg, J., Pyszczynski, T., Solomon, S., Simon, L., & Breus, M. (1994). Role of consciousness and accessibility of death-related thoughts in mortality salience effects. *Journal of Personality and Social Psychology, 67*(4), 627.

Jackson, P. (1999). Consumption and identity: The cultural politics of shopping. *European Planning Studies, 7*(1), 25–39.

Krueger, D. W. (1988). On compulsive shopping and spending: A psychodynamic inquiry. *American Journal of Psychotherapy, 42*(4), 574–584.

McKinsey, & Company. (2020). COVID-19: Briefing note, April 13, https://www.mckinsey.com/

2장

김봉구, "한국경제, 제품 그대로, 매출 50%↑ '데이터 분석'이 판도 바꿨다",한국경제, 2019-05-31, https://www.hankyung.com/it/article/201905314244g

이선목, ""화려한 포장이 나를 감싸네~'깡' 열풍 타는 유통업계", 조선비즈, 2020.05.2.

이승호, "'짝퉁천국' 中 또하나의 짝퉁? 알리바바보다 유명한 알리마마",2020-07-01,중앙일보"https://news.joins.com/article/23814382

Charles Duhigg,"How Companies Learn Your Secrets",New york
    Times, February.16, 2012 Accessed.July.18.2020.,https://www.
    nytimes.com/2012/02/19/magazine/shopping-habits.html

Elle Hunt, "Who is Louise Delage? New Instagram influencer
    not what she seems", The Guardian,6 Oct 2016, acceed
    July,18,2020, https://www.theguardian.com/technology/

https://www.ted.com/talks

3장

박강순. (2018). 5G 통신 서비스 및 산업기술 동향. 주간기술동향,
    1833, 2-14.

CoolerScreens. (2020). Cooler impact: Transforming the business of
    brick-and-mortar retail. CoolerScreens. Retrived from https://
    www.coolerscreens.com/impact

Deloitte. (2020). 5G smart cities whitepaper. Deloitte. Retrieved from
    https://www2.deloitte.com/cn/en/pages/technology-media-
    and-telecommunications/articles/tmt-empowering-smart-
    cities-with-5g.html

Gartner (2020). Market trends: 5G for retail. Gartner Industry Markets
    and Technologies, G00719420, 1-15.

IEA. (2020). Global EV outlook 2020. IEA. Retrieved from https://
    www.iea.org/reports/global-ev-outlook-2020

ITU. (2017). Minimum requirements related to technical performance for IMT-2020 radio interfaces. ITU Report M, 2410(0). 1-11.

Kumar, V., & Gupta, S. (2016). Conceptualizing the Evolution and Future of Advertising, *Journal of Advertising*, 45(3), 302-317.

Navigant Research. (2020). Guidehouse insights leaderboards: Automated driving vehicles. Navigant Research. Retrieved from https://guidehouseinsights.com/reports/guidehouse-insights-leaderboard-automated-driving-vehicles?utm_content=buffereb595&utm_medium=social&utm_source=twitter.com&utm_campaign=buffer

Posterscope. (2019). OOH Predictions 2020. Posterscope. Retrieved from http://www.posterscope.com/content/posterscope-reveal-their-2020-predictions

Strabase. (2020). 자동차 업체와 통신 사업자가 손잡고 전개하는 스마트 시티 프로젝트 진단: Toyota와 NTT 사례, Strabase Trend Watch, 2020(5), 2-10.

Sullivan, L. (2018). Data Turns REI's #OptOutside Social Cause Into Successful Online, Offline Campaign. Media Post. Retrieved from https://www.mediapost.com/publications/article/315959/data-turns-reis-optoutside-social-cause-into-suc.html

Wymeersch, H., Seco-Granados, G., Destino, G., Dardari, D., & Tufvesson, F. (2017). 5G mmWave positioning for vehicular networks. IEEE Wireless Communication, 24(6), 80-86.

권오욱, 홍택규, 황금하, 김영길 (2017). 가상 개인비서의 대화처리 기술과 국내 외 동향 분석. 〈정보과학회지〉, 35(8), 19-27.

김가을, 박선진, 진현석, 변상선 (2019) 4차 산업혁명 시대의 마케팅 전략: 아마존(Amazon)한국정보통신학회 종합학술대회 논문집, 23(2), 107-108

김난도, 전미영, 이향은, 이준영, 김서영, 최지혜, 서유현, 이수진 (2017). 트렌드 코리아 2018.

김용주 (2016). 인공지능(AI; Artificial Intelligence) 창작물에 대한 저작물로서의 보호가능성. 법학연구, 27(3), 267-297.

김은서 · 박재완 (2020). 4차 산업혁명 시대에 따른 온라인과 오프라인 연계 광고의 유형화. The Journal of the Convergence on Culture Technology, 6(1), 147-153.

김지완 (2020.01.20.). [ICT 4.0]빅데이터 저물고 스몰데이터 뜬다. 뉴스핌. url: http://www.newspim.com/news/view/20200117000978

김찬석, 이현선 (2019). 4차 산업혁명 시대의 PR 광고 기획. 커뮤니케이션북스.

뉴데일리 경제(2020.06.10.). 증권업계, 언택트 열풍타고 비대면 고객 급증. url: http://biz.newdaily.co.kr/site/data/html/2020/06/10/2020061000057.html

박현길 (2017). 나를 읽는다 챗봇(Chatbot)!. 마케팅, 51(5), 40-50.

박현길 (2019). 언택트(Untact)?. 마케팅, 53(8), 30-42.

변성혁, 조창환 (2020). AI 금융 챗봇 추천 메시지의 의원화와 개인화 수준이 고객 반응에 미치는 영향. 한국광고홍보학보, 22(2), 466-

502.

아이지에이웍스(2020.08.05.), 데이터가 불러온 글로벌 광고시장의 지각 변동

양윤직 (2020). 만인 앱 제작 사회로, The PR, 5월호, pp. 82-83.

양정연·김학래 (2017). 아마존 알렉사. 정보과학회지, 35(8), 36-41.

양희태·김단비 (2017). 지능형 개인비서 시장 동향과 국내 산업 영향 전망. 동향과 이슈, 35, 1-30.

연대성 (2017). 사물인터넷 마케팅 혁명. 인포더북스.

유종숙 (2018). 4차 산업혁명 시대의 광고기획 솔루션. 한울아카데미.

이데일리 (2020.06.08.). "도미노피자처럼…언택트의 시대, 딥택트의 길 찾아라". url:https://www.edaily.co.kr/news/read?newsId=01266086625799752&mediaCodeNo=257&OutLnkChk=Y

이윤정, 김승인 (2017). 스마트 폰 음성 인식 서비스의 상황별 만족도 조사. 디지털융복합연구, 15(8), 351-357.

이재홍 (2016). 〈포켓몬GO〉의 인기요인과 스토리텔링 분석. 한국게임학회논문지, 16(5), 159-168.

이진희 (2019). 상상이 현실로 -AI 마케팅의 변화. 한국컴퓨터정보학회논문지, 24(12), 183-189.

이해광 (2018). 4차 산업혁명 시대 만화교육 역할 제고. 만화애니메이션연구, 53, 127-148.

전병원 (2018). 4차 산업혁명시대 영화영상 기술변화와 스토리텔링의 대응. 인문과학연구, 59, 165-183.

정준화 (2018). 4차 산업혁명 대응 현황과 향후 과제. 국회입법조사처.

조용석 (2017). 4차 산업혁명 마케팅 광고. 한언.

차영란 (2018). 광고 및 미디어 산업 분야의 인공지능(AI) 활용 전략.

한국콘텐츠학회논문지, 18(9), 102-115.

허태학 (2018.11.15.). [KCSI 우수기업] 진정성 있는

Advendio (2019.05.21.). Big data: Shaping the future of the media advertising industry. url: https://www.advendio.com/big-data-shaping-future-media-advertising-industry

ETNEWS(2020.06.02.). 카드사 '언택트 전략'…플라스틱 대신 모바일 카드 꺼내다. url:https://www.etnews.com/20200602000212

Grether, M. (2016). Using big data for online advertising without wastage: Wishful dream, nightmare or reality?, GfK Marketing Intelligence Review, 8(2), 38-43.

https://www.igaworksblog.com/post/insight-ceo-1

고객경험을 제공하라. 중앙일보. url: https://news.joins.com/article/23125945

5장

김태용 (2000). 텔레프레즌스 개념정의와 연구의의를 중심으로. 경희대 커뮤니케이션연구, 15, 21-41.

김태용 (2003).텔레프레즌스 경험 확률에 영향을 미치는 수용자 특성에 관한 연구. 한국방송학보, 17(2), 111-142.

정동훈 (2017). 가상현실에 관한 사용자 관점의 이론과 실제. 정보화정책, 24(1), 3-29.

Caudell, T. P., & Mizell, D, W. (1992). Augmented Reality: An Application of heads-up display technology to manual manufacturing processes. System Sciences, 1992. Proceedings of the Twenty-Fifth Hawaii International Conference on. Presence: Teleoperators and Virtual Environments.

Chahal, M. (2015). Interactive ads are not gimmicks but ROI boosters. Retrieved from https://www.marketingweek.com/interactive-ads-are-not-gimmicks-but-roi-boosters/

Edelman, D. C., & Singer, M. (2015). Competing on Customer Journeys. Harvard Business Review. 93(11). 88-100.

Hilken T., Keeling D. I., Ruyter, K. D., Mahr, D., & Chylinski, M. (2020). Seeing eye to eye: social augmented reality and shared decision making in the marketplace. *Journal of the Academy of Marketing Science. 48*. 143-164.

Hilken, T., Ruyter, K. D., Chylinski, M., Mahr, D., & Keeling, D. I. (2017). Augmenting the eye of the beholder: exploring the strategic potential of augmented reality to enhance online service experiences. *Journal of the Academy of Marketing Science. 45*(6), 884-905.

https://www.cba-design.us/what-we-think/packaging-alive

https://www.highsnobiety.com/p/puma-future-rider-wanna-kicks-app/

https://www.judgeseyesonly.com/ar-jordan

https://www.nicekicks.com/nike-snkrs-looks-to-change-the-game-with-s23nyc/

https://www.vanityfair.com/style/2014/06/l-oreal-paris-makeup-genius-is-bringing-us-into-a-new-era-of-beauty

Huang, T. L. & Liao, S. (2015). A model of acceptance of augmented-reality interactive technology: The moderating role of cognitive innovativeness. Electronic Commerce Research, 15(2), 269-295.

IAB(2019). Augmented Reality for Marketing: An IAB Playbook. Retrieved from https://www.iab.com/insights/augmented-reality-for-marketing/

IKEA (2017). IKEA invites people to make virtual pancakes - releases a virtual reality app on Steam. Retrieved from https://newsroom.inter.ikea.com/news/ikea-invites-people-to-make-virtual-pancakes---releases-a-virtual-reality-app-on-steam/s/a5702517-ee4d-4a2f-a9a8-7f311b43cd84

IKEA (2020). IKEA to launch new AR capabilities for IKEA Place on new iPad Pro. Retrieved from https://newsroom.inter.ikea.com/News/ikea-to-launch-new-ar-capabilities-for-ikea-place-on-new-ipad-pro/s/0856061d-d4b0-4dcd-a184-324aa838ac1b

judgeseyeonly.com(2019). Client: Jordan Brand, Project: A/R Jordan. Retrieved from

Kipper, G., & Rampolla, J. (2012). Augmented Reality: An Emerging Technologies Guide to AR. Waltham: Syngress.

Microsoft (2019). Introducing Dynamics 365 Guides for HoloLens 2. Retrieved from https://dynamics.microsoft.com/ko-kr/mixedreality/guides/

Mindshare. (2018). Layered. Retrieved from https://www. tandfonline.com/action/showCitFormats?doi=10.1080% 2F00913367.2020.1740123

Ogilvy (2019). Ogilvy Celebrates Second Consecutive Day of Wins at the 2019 Cannes Lions International Festival of Creativity. Retrieved from https://www.ogilvy.com/ideas/ogilvy- celebrates-second-consecutive-day-wins-2019-cannes-lions- international-festival

Porter, M. E., & Hoppelmann, J. E. (2017). Why Every Organization Needs an Augmented Reality Strategy. Haravard Business Review. 95(6). 46-57.

Rauschnabel, P. A., Felix, R. & Hinsch, C. (2019). Augmented reality marketing: How mobile AR-apps can improve brands through inspiration. *Journal of Retailing and Consumer Services*. 49(July). 43-53.

Reeder, A. (2014). L'Oréal Paris's Makeup Genius is Bringing Us into a New Era of Beauty. Retrieved from

Reeves, B. R., Lombard, M. L., & Melwani, G. (1992). Faces on the screen: Pictures or natural experience? Paper presented at the conference of the International Communication Association, Miami, FL, May, 1992.

Ruyter, K. D., Heller, J., Hilken, T., Chylinski, M., Keeling, D. I., & Mahr, D. (2020) Seeing with the Customer's Eye: Exploring the Challenges and Opportunities of AR Advertising, *Journal of*

Advertising, 49(2), 109–124.

Scholz, J., & Smith, A. N. (2016). Augmented reality: Designing immersive experiences that maximize consumer engagement. Business Horizons, 59(2). 149–161.

Shanklin W. (2016). AR vs. VR: What today's HoloLens, Vive and Rift tell us about our virtual future. Retrieved from https://newatlas. com/vr-vs-ar-comparison-hololens-vs-oculus-rift-vive/44951/

Smink, A. R., Reijmersdal, E. A., Noort, G., & Neijens, P. C. (2020). Shopping in augmented reality: The effects of spatial presence, personalization and intrusiveness on app and brand responses. *Journal of Business Research. 118.* 474–485.

So, D. (2019). Virtually Try On New Colorways of the PUMA Future Rider With This AR App. Retrieved from

Steuer J. (1992). Defining virtual reality: Dimensions determining telepresence. *Journal of Communication, 42*(4), 73–93.

Stonebrook, I. (2017). Nike SNKRS Looks to Change the Game with s23NYC. Retrieved from

The Venture Reality Fund (2019). The VR Fund 2019 AR Industry Landscape. Retrieved from https://static.wixstatic.com/media /7ca443_47ed00512a9849dba86cef86b072b189~mv2.png/v1/ fill/w_1885,h_1728,al_c,usm_0.66_1.00_0.01/theVRFund_AR_ industry_2019_final.png

Thiellier, R. (2018). Packaging is Alive!. Retrieved from

Verhagen, T., Vonkeman, C., Feldberg, F., & Verhagen, P. (2014). Present it like it is here: Creating local presence to improve online product experiences. Computers in Human Behavior, 39, 270–280.

6장

Davenport, T. H. (2013). Analytics 3.0. Harvard business review, 91(12), 64–72.

Goldfarb, A., & Tucker, C. (2011). Online display advertising: Targeting and obtrusiveness. *Marketing Science, 30*(3), 389–404.

Güera, D., & Delp, E. J. (2018, November). Deepfake video detection using recurrent neural networks. In 2018 15th IEEE International Conference on Advanced Video and Signal Based Surveillance (AVSS) (pp. 1–6). IEEE.

Hwangbo, H., & Kim, Y. (2017). An empirical study on the effect of data sparsity and data overlap on cross domain collaborative filtering performance. Expert Systems with Applications, 89, 254–265.

Hwangbo, H., & Kim, J. (2019). A text mining approach for sustainable performance in the film industry. Sustainability, 11(11), 3207.

Hwangbo, H., Kim, Y. S., & Cha, K. J. (2017). Use of the smart store for persuasive marketing and immersive customer experiences: A case study of Korean apparel enterprise. Mobile Information

Systems, 2017.

Hwangbo, H., Kim, Y. S., & Cha, K. J. (2018). Recommendation system development for fashion retail e-commerce. Electronic Commerce Research and Applications, 28, 94-101.

Jannach, D., Zanker, M., Felfernig, A., & Friedrich, G. (2010). Recommender systems: an introduction. Cambridge University Press.

John, S. (2000). Social network analysis: A handbook. *Contemporary Sociology, 22*(1), 128.

Kazienko, P., & Adamski, M. (2007). AdROSA-Adaptive personalization of web advertising. *Information Sciences, 177*(11), 2269-2295.

Kong, D., Fan, X., Shmakov, K., & Yang, J. (2018, April). A combinational optimization approach for advertising budget allocation. In Companion Proceedings of the The Web Conference 2018 (pp. 53-54).

Miner, G., Elder IV, J., Fast, A., Hill, T., Nisbet, R., & Delen, D. (2012). Practical text mining and statistical analysis for non-structured text data applications. Academic Press.

Rao, S. S. (2019). Engineering optimization: theory and practice. John Wiley &Sons.

Stavrianou, A., Andritsos, P., & Nicoloyannis, N. (2007). Overview and semantic issues of text mining. ACM Sigmod Record, 36(3), 23-34.

Zakharov, E., Shysheya, A., Burkov, E., & Lempitsky, V. (2019). Few-shot adversarial learning of realistic neural talking head models. In Proceedings of the IEEE International Conference on Computer Vision (pp. 9459-9468).

덴츠 홈페이지 (https://www.dentsu.co.jp/en/business/showcase/ai_planners.html)

마이크로소프트 뉴스 페이지 (https://news.microsoft.com/europe/features/next-rembrandt/)

사치 홈페이지 (http://www.saachiinformatics.com/artificial-intelligence/)

VLM 홈페이지 (https://www.vmlyr.com/)

7장

김승한. (2020). 5세 AI 어린이에게 아무 영상 보여줬더니…"엄마 X짜증나". https://www.mk.co.kr/news/it/view/2020/06/598786/

Angwin, J., Larson, J., Mattu, S., & Kirchner, L. (2016). Machine bias. ProPublica, May, 23, 2016.

Awad, E., Dsouza, S., Kim, R., Schulz, J., Henrich, J., Shariff, A., … & Rahwan, I. (2018). The moral machine experiment. Nature, 563(7729), 59-64.

Bostrom, N., & Yudkowsky, E. (2014). The ethics of artificial intelligence. The Cambridge handbook of artificial intelligence, 1, 316-334.

Buolamwini, J., & Gebru, T. (2018, January). Gender shades: Intersectional accuracy disparities in commercial gender classification. InConference on fairness, accountability and transparency(pp. 77-91).

Economist. (2014). Immigrants from the future.

Geva, N., Uzefovsky, F., & Levy-Tzedek, S. (2020). touching the social robot pARo reduces pain perception and salivary oxytocin levels. *Scientific reports*, *10*(1), 1-15.

Richardson, R., Schultz, J. M., & Crawford, K. (2019). Dirty data, bad predictions: How civil rights violations impact police data, predictive policing systems, and justice.NYUL Rev. Online,94, 15.

8장

나스미디어(2020). 〈IPTV광고 통합 소개서(2020년2Q)〉. URL: www. nasmedia.co.kr/%EC%82%AC%EC%97%85%EC%98%81%EC%9 7%AD/ad-service/%EB%94%94%EC%A7%80%ED%84%B8-%EB %B0%A9%EC%86%A1%EA%B4%91%EA%B3%A0/

박종구(2020.6.). [특집II. 디지털 미디어 전성시대, 방송광고 시장의 출구와 미래 모색] 코로나19 시대, KOBACO '월간' MCR로 바라본 TV 광고 경쟁력. 〈방송문화〉, 2020 여름호, 54-66.

박종구(2020.6.19.). Advanced TV! Addressable TV광고 진화의 디딤돌과 걸림돌? 〈한국방송학회〉 2020 봄철 정기학술대회.

한국방송광고진흥공사(2020.2). 〈IPTV 실시간 스마트 광고 상품판매

안내〉.

eMarketer(2019.11.26.). Advanced TV's Progress in Addressable, Programmatic and CTV. Retrieved from https://www.emarketer.com/content/television-update-fall-2019

Interactive Advertising Bureau(2018.11.). Advanced TV targeting. Retrieved from www.iab.com/wp-content/uploads/2018/11/IAB_Advanced_TV_Targeting_2018-11.pdf

Jensen, H., & Sund, K. J. (2018). The implications of programmatic advertising on the business model of TV broadcasters. In Competitiveness in Emerging Markets (pp.35-53). Springer, Cham.

Media Post(2019). Evaluating TV's Enhanced Role In A Full-Funnel Environment. Retrieved from www.mediapost.com/publications/article/343440/evaluating-tvs-enhanced-role-in-a-full-funnel-env.html?edition=116133

Xandr(2018). Breaking trhough. Retrieved from https://dl.xandr.com/2019/01/XANDR_Breaking_Through_Whitepaper.pdf

AdSmart(2019). Five Years & Forward. Retrieved from www.skymedia.co.uk/wp-content/uploads/2019/08/The-AdSmart-White-Paper-2019.pdf

Coalition for Innovative Media Measurement(2019.8.). Addressable TV and Implications for the Future of TV Measurement. Retrieved from http://cimm-us.org/wp-content/uploads/2013/05/CIMM-Addressable-Workshop-Summary_7-31-19.pdf

DataXu(2018). Introduction to Programmatic TV.

DigiDay(2019.12.6.). 'Ridiculously expensive': Confessions of an ad buyer on addressable TV ads. Retrieved from https://digiday. com/marketing/ridiculously-expensive-confessions-ad-buyer-addressable-tv-ads/

eMarketer(2019.1.19.). TV year in review: Advertising remains strong, but road ahead is murky. Retrieved from www.emarketer.com/content/tv-year-in-review-advertising-remains-strong-but-road-ahead-is-murky

Nielsen(2020.7.). Addressable TV advertising ready for prime time. Retrieved from www.nielsen.com/us/en/solutions/capabilities/advanced-advertising/

Smartclip(2020). Addressable TV Targeting. Retrieved from https://smartclip.tv/addressable-tv-advertising-white-paper/smartclip_Addressable_TV_Advertising_White_Paper_2020.pdf

Tinuiti(2020.3.16.). What is OTT advertising: A beginner's guide. Retrieved from https://tinuiti.com/blog/ott-over-the-top-ads/ott-advertising-guide/

TV[R]EV(2019). The State of Addressable Advertising.

Video Advertising Bureau (2019). Address for success: How addressable TV delivers full-funnel outcomes. Retrieved from https://s3.amazonaws.com/media.mediapost.com/uploads/VABaddressable.pdf

광고의 미래 넥스트 10년

2021년 1월 31일 1판 1쇄 발행
2023년 3월 20일 1판 2쇄 발행

지은이 • 강윤지 · 김상훈 · 김현진 · 문장호 · 박종구 · 안정용
　　　　유승철 · 정혜승 · 황보현우
펴낸이 • 김 진 환
펴낸곳 • (주) **학지사**
　　　　04031 서울특별시 마포구 양화로 15길 20 마인드월드빌딩 5층
대표전화 • 02) 330-5114　　　팩스 • 02) 324-2345
등록번호 • 제313-2006-000265호
홈페이지 • http://www.hakjisa.co.kr
페이스북 • https://www.facebook.com/hakjisabook

ISBN 978-89-997-2279-0　03320

정가 15,000원

이 저서는 2020년 한국언론진흥재단의 광고단체지원을 받아 출판 되었습니다.